Abuso
Sexual

Abuso Sexual

Interferencias en el ciclo de la respuesta sexual

Clemencia Zulay Durán de López

Número de Control de la Biblioteca del Congreso de EE. UU.:   2014920448
ISBN: Tapa Blanda   978-1-4633-9631-2
                               Libro Electrónico   978-1-4633-9630-5

La información, ideas y sugerencias en este libro no pretenden reemplazar ningún consejo profesional. Antes de seguir los consejos o sugerencias contenidos en este libro, usted debe consultar a su médico personal, médico de la salud mental, psicólogo o psiquiatra. Ni el autor ni el editor de la obra se hacen responsables por cualquier pérdida o daño que supuestamente se deriven como consecuencia del uso o aplicación de cualquier información o sugerencia contenidas en este libro.

Este libro fue impreso en los Estados Unidos de América.

Fecha de revisión: 16/12/2014

Para realizar pedidos de este libro, contacte con:
Palibrio
1663 Liberty Drive
Suite 200
Bloomington, IN 47403
Gratis desde EE. UU. al 877.407.5847
Gratis desde México al 01.800.288.2243
Gratis desde España al 900.866.949
Desde otro país al +1.812.671.9757
Fax: 01.812.355.1576
ventas@palibrio.com
389735

Índice

Segunda parte: El ser humano es una totalidad 59

A JESÚS MISERICORDIOSO, PRESENTE EN CADA SEGUNDO DE MI VIDA

JESÚS, EN TI CONFÍO

Agradecimientos

Quiero agradecer a mi DIOS, energía infinita, fuente de sabiduría y amor; al Espíritu Santo, guía fundamental para aclarar y trazar mis caminos y a mi Virgen Santa, quien me brinda protección Divina. Gracias, Padre, por tu presencia.

Agradecer a mi amado esposo, el economista Boris Humberto López López. Mi guía, mi compañero a lo largo de esta investigación de la que este libro es sólo una parte. Mil gracias por tu tiempo, por tus horas, por tus enseñanzas, por tus aportes, por tu dedicación. DIOS bendiga tu memoria, esposo.

Mi agradecimiento eterno a mis hijos Boris Vladimir y Farid Humberto López Durán, con profundo amor; siempre presentes, apoyándome en todos mis proyectos. Piezas fundamentales en la realización de cada uno de mis sueños. Farid Humberto, hijo mío, mil gracias por tu comprensión y acompañamiento en momentos tan difíciles para mí. Gracias, gracias, gracias por estar.

Agradecimiento a mi hermana Maritza Durán de Mamán, por su valioso apoyo en momentos tan importantes para la transcripción de los últimos papeles de trabajo.

Agradecimiento especial a mi sobrina Dana García Mamán quien, con su excelente capacidad creativa y dominio de las herramientas de computación, colaboró para culminar con éxito la elaboración del boceto de la portada y la presentación final.

Agradecimiento a la Lcda. Raquel Durán Castro, mi hermana, por sus sugerencias que han sido importantes y necesarias para este trabajo que, con seguridad, contiene planteamientos importantes para la discusión de un tema difícil de abordar.

Igualmente, quiero agradecer al Lcdo. Oswaldo Sánchez, quien logró la asistencia de bachilleres a la consulta psicológica, algunos de los cuales conformaron la muestra; a la profesora Hilda Briceño, quien con sus indicaciones matizó esta investigación con su excelente experiencia como investigadora.

Agradecer a mis pacientes por creer en mí; a las niñas, niños y adolescentes necesitados de profesionales responsables que, con sus conocimientos e intervenciones acertadas, puedan salvar las distancias entre el conocimiento y la mentira.

Agradezco a todas las personas que creen en mí. Estoy segura de que cada uno(a) de ellos(a) sabe que está en mi corazón y en mi mente.

Agradecida con Palibrio y con mi representante de servicio, Karla Delgado, por su apoyo y por estar pendiente de la entrega de mi trabajo, gracias.

Clemencia Zulay Durán de López
Caracas, Venezuela
Septiembre 2014

Introducción

Trabajar con la psique y las emociones de los seres humanos no es tarea fácil y sólo es posible asumirla cuando, verdaderamente, se tiene vocación y se ama este quehacer. De todos los casos que a lo largo de mis 34 años de ejercicio profesional he atendido, los relacionados con abuso sexual en la infancia son los que, de alguna manera, han llegado con mayor agudeza a mi fibra más sensible.

Los relatos de los pacientes que han sobrevivido a esa experiencia han lacerado mis oídos y tocado mi corazón pero, más importante, han sido el acicate para investigar y trabajar en la búsqueda de respuestas de lo que, hasta ahora, ha sido catalogado como un hecho de consecuencias irreversibles.

Es cierto que el dolor ha estado presente mas, en honor a la verdad, la alegría y satisfacción de ver a mis pacientes recuperar la fe, la esperanza y la capacidad de amarse a sí mismos ha sido la mejor retribución que mis largos años de estudio y cavilaciones me han reportado.

Esta investigación es el resultado de mi trabajo de grado para optar al título de Magíster en Ciencias, Orientación en Sexología, en el Centro de Investigaciones Psiquiátricas, Psicológicas y Sexológicas de Venezuela (CIPPSV) y de mis últimos años de actividad terapéutica,

13

dedicados a la atención de estudiantes universitarios abusados en la infancia.

El trabajo presenta un tema que es, en opinión de unos, duro y delicado de tratar, porque es un hecho que ocurre, generalmente, en el ámbito familiar y, por ello, ha sido silenciado sin considerar lo que significa la devastadora experiencia de sufrir abuso sexual en la infancia para cualquier ser humano.

Otros, aunque coincidimos en que no es un tema fácil de tratar, pensamos que la mejor manera de ayudar es ponerlo en evidencia y abrir espacios para dilucidar las posibles maneras de reparar lo que la sinrazón de algunos ha creado en la vida de otros.

Al principio de mi investigación, el objetivo principal fue analizar el desarrollo psicosexual y el ciclo de la respuesta sexual en estudiantes universitarios abusados sexualmente en la infancia. Sin embargo, la discrepancia de los estudiosos del tema a la hora de definir abuso sexual en la infancia me llevó a detenerme en qué era lo que se entendía como tal.

En mi opinión, definir es el primer paso a la hora de emprender cualquier asunto, pues sienta las bases de la comprensión de lo que se trate y, por ende, la manera de resolver las diferentes cuestiones que de ello derivan. De allí la importancia que le atribuyo.

Esto me llevó a investigar las diferentes definiciones que había de abuso sexual, lo cual me guió a la necesidad de entender qué era lo que se entendía por maltrato que, a su vez, me condujo a los conceptos violencia y violación.

La investigación, entonces, dio un giro. Debía concentrarme en estudiar todo lo que los especialistas exponían de maltrato, abuso sexual, violación y violencia. ¿Cómo estos hechos se encontraban, en qué se parecían, en qué se diferenciaban? Poco a poco fui encontrando respuestas.

En este sentido, en la primera parte planteo y examino la pertinencia de hablar sobre el abuso sexual en la infancia. Hago un breve recorrido por la historia de su existencia y cuestiono lo que considero definiciones erróneas. Por ello, propongo la definición y las posibles clasificaciones de abuso sexual en la infancia, maltrato y violencia.

En la segunda parte, me ocupo del entramado sociedad, sexualidad y aprendizaje; trabajo lo que considero los principios básicos del estudio evolutivo del ser humano y, sobre la base del desarrollo cognoscitivo, afectivo y moral de Piaget, expongo qué ocurre en la estructura cognoscitiva del abusado sexual en la infancia y le adiciono el componente sexual, ya que para su estudio, generalmente, el ser humano ha sido considerado como un ente biopsicosocial, dejando fuera el aspecto sexual.

En la tercera parte examino la variante fisiológica sexual sobre la base de los estudios de Bianco y planteo la formación y destrucción del ciclo de la respuesta sexual desde un punto de vista gestáltico. Propongo, además, un examen comparativo entre el ciclo de la respuesta sexual sana y el ciclo de la respuesta sexual patológica, para evidenciar cómo una experiencia sexual a temprana edad puede interferir el desarrollo, la consecución y la satisfacción de una necesidad sexual. Por último, relaciono salud mental y abuso sexual en la infancia.

Estimo conveniente dejar en claro que las tres primeras partes conforman mi primer libro *Abuso Sexual en la Infancia: efectos en la edad adulta*, publicado en una edición de 50 ejemplares en el año 2008.

Dicha publicación contenía, como cuarta parte, lo referente al abuso sexual y el ordenamiento jurídico, la cual ha sido sustituida en esta edición por el resto de la investigación. Aquí, expongo las características psicológicas y las características sexuales, además de las interferencias en el ciclo de la respuesta sexual en estudiantes universitarios abusados sexualmente en la infancia.

Develar los misterios de la psique es la tarea más hermosa que me ha sido encomendada; la que me permite cumplir mi misión, disfrutando la odisea de descubrir los escondrijos de la mente, que revelan lo íntimo del comportamiento humano.

Clemencia Zulay Durán de López

Primera parte

Abuso sexual en la infancia

¿Por qué hablar de abuso sexual en la infancia?

Como mencioné en la introducción, mi actuación como terapeuta me ha dado la oportunidad de ver y sentir de cerca el dolor, la angustia y la desesperación de esos sobrevivientes que, indirectamente, son excluidos de nuestra sociedad, sin darnos cuenta de lo que está ocurriendo.

El encuentro diario con mis pacientes, me ha permitido ver una realidad que golpea la puerta y que, al abrirla, encontramos cristales rotos como prueba de la indefensión en su máxima expresión; de un preguntarse por qué a mí que no obtiene respuesta; de la soledad y de la confusión, que es lo que reflejan los rostros de nuestros infantes, niñas, niños, preadolescentes, adolescentes y adultos abusados en la infancia quienes, indefensos, son o han sido utilizados como objeto sexual por alguien que, sumido en la inconsciencia, no hace más que abrir heridas y victimizar inocentes para satisfacer su incongruencia sexual.

Por ello, es una necesidad hablar de abuso sexual en la infancia (Asi en adelante)[1] pues, con sus particularidades, es una de las manifestaciones más complejas y delicadas del maltrato, el cual se ha presentado en la mayoría de las culturas y sociedades en el devenir histórico.

También, porque es urgente examinarlo para responder a una población desasistida en la que una experiencia de este tipo puede ser el detonante para la deserción escolar, las drogas, la prostitución o el embarazo no deseado, sólo por mencionar algunas de las consecuencias de un evento que, a temprana edad, interfiere en el desarrollo psicosexualsocial de una persona.

Sabemos que en todos los países han surgido organizaciones que intentan ayudar y proteger a infantes, niñas, niños, preadolescentes y adolescentes en situación de peligro y que son o pueden ser objeto de maltrato, Asi y explotación.

Sin embargo, considero que crear organizaciones no es suficiente y, en consecuencia, es urgente establecer organismos que se dediquen a la investigación, prevención y tratamiento, tanto de los adultos abusados en la infancia como infantes, niñas, niños, preadolescente y adolescentes. Una entidad que se ocupe de registrar, estadísticamente, la gravedad de esta problemática y que abra espacios para enfrentar el miedo a hablar de este hecho que ocurre, en la mayoría de los casos, en el entorno familiar del abusado y que afecta en silencio a gran número de la población.

Es cierto, no es fácil abordar el problema del Asi ni determinar la frecuencia con que ocurre. Lo que sí parece estar claro es que, en la actualidad, se conoce más y existe mayor interés en proteger a la infancia y en reconocer que es una realidad que necesita un espacio para ser descubierta, ventilada y trabajada.

Los profesionales de todas las áreas —psicólogos, psiquiatras, economistas, abogados, estadistas, pediatras, sociólogos, trabajadores sociales, etc.—, así como parlamentarios, diputados y la sociedad en pleno están invitados a comprometerse, para abordar y ponerle fin a una problemática que causa tantos estragos, hasta ahora irreparables, en el desarrollo psicosexualsocial de una persona.

Una necesaria revisión histórica

La palabra abuso puede remitirnos a muchas acepciones, pero algo es innegable: el significado está asociado a la palabra poder y muchos de nosotros, por no decir todos, hemos sido objeto o testigos de abusos de poder. Quien abusa sabe, tácitamente, que "el otro no puede" y, con base en ese supuesto, se ha levantado y sostenido el abuso sexual a infantes, niñas, niños, preadolescentes y adolescentes del mundo. Basta echar una mirada a la historia de la humanidad para comprobar que el abuso tiene su origen en las primeras "civilizaciones" y que se ha perpetrado, independientemente, del modelo de producción.

A lo largo de la historia humana, las prácticas religiosas han contemplado la ofrenda a sus dioses con el sacrificio de personas, incluidos niños y recién nacidos. La muerte de estos últimos, conocida como infanticidio, no sólo se valía de métodos directos (estrangular al recién nacido, ahogarlo, abandonarlo o golpear su cabeza), sino también indirectos (dejarlos morir de hambre lentamente, descuidarlos física y psicológicamente y permitir que ocurrieran accidentes).

La reflexión histórico-antropológica que del maltrato infantil hace el pediatra colombiano Hugo Sotomayor [2] nos informa sobre este tema. Según su relato, a principios del siglo XVIII los padres parecieron tomar en cuenta la necesidad de controlar el abuso a que eran sometidos sus hijos y comenzaron a castigarlos por masturbarse. A partir de aquí, la ciencia médica comenzó a difundir el mito según el cual la masturbación originaba locura, epilepsia, ceguera y causaba la muerte.

Asimismo, nos hace saber que la situación se agravó en el siglo XIX, ya que médicos y padres amenazaban a los niños con cortarle los genitales y se utilizaba como castigo la circuncisión, la clitoridectomía y la infibulación e, incluso, se utilizaban dispositivos restrictivos como moldes de yeso y jaulas con púas.

Bass y Davis (1995:509) se han dedicado, desde 1983, al trabajo con mujeres que han sido víctimas de Asi. En su libro, realizan un recuento histórico tanto del maltrato como del Asi y refieren cómo, estos eventos, son la causa de muchas enfermedades mentales o emocionales en la edad adulta.

El recuento resulta interesante, no sólo porque evidencia la naturaleza secreta del objeto de estudio, sino porque, como consecuencia, podría explicar la ausencia de registros estadísticos. A continuación, un vistazo a la historia y evolución del fenómeno denominado Asi, reseñado en el citado libro.

En 1860, Tardieu [3] elaboró y publicó dos artículos: uno sobre violación y Asi y otro acerca de niños cruelmente golpeados. Más tarde, en 1878, refiriéndose a los padres que abusan de sus hijas, expresó: "Lo que entristece aún más es ver que los lazos de sangre, en lugar de constituir una barrera para esas tendencias imperdonables, con harta frecuencia sólo sirven para favorecerlas: los padres abusan de sus hijas, los hermanos de sus hermanas".

Freud [4] también observó que muchos hombres y mujeres que asistían a la consulta habían sido traumatizados sexualmente. Al hacerlo público fue criticado y ridiculizado, por lo que se retractó y señaló que lo relatado por sus pacientes era producto de la fantasía o del deseo.

Lo mismo observó Janet [5], quien comprendió que los graves síntomas físicos, mentales y emocionales que sufrían sus pacientes eran causados por traumas de la niñez. Al exponerlo a la comunidad médica no logró convencerla pero, a diferencia de Freud, no se desdijo de su descubrimiento.

Ferenczi [6], alumno de Freud, confirmó no sólo que el Asi podía ser la causa de graves sufrimientos psicológicos, sino que ser escuchado y consolado era curativo. Ambos descubrimientos fueron rechazados por la sociedad médica.

Tanto el maltrato como el Asi se han encontrado con la fuerte resistencia a ser aceptados socialmente como un hecho grave que ocurre entre los seres humanos. A pesar de que en 1946, Caffey [7] descubrió las pruebas físicas de los golpes recibidos por los niños a través de los rayos X, se siguió negando que hubiese ocurrido maltrato y se prefirió creer en problemas genéticos.

Sólo en 1962, con la publicación de *El niño maltratado* de Kempe [8], se reconoció el maltrato físico en niños. Este médico planteó por primera vez el síndrome del niño apaleado, caracterizado por la conjunción de lesiones físicas y emocionales que un niño podía recibir de su propia familia. Con dicha publicación, logró que la comunidad médica comenzara a identificar y reconocer el abuso infantil.

De igual modo ha ocurrido con el Asi porque, aunque existían señales físicas de incesto, los médicos se habían negado, a lo largo de la historia, a identificarlo como tal, inventando justificaciones como problemas congénitos, ausencia de himen o masturbación excesiva.

A principios de los años 50, Kinsey [9] y sus colegas restaron importancia a los efectos del Asi. En un estudio en el que participaron más de 1.000 mujeres, una de cada cuatro hablaba de Asi y 80 por ciento informó que la experiencia las había aterrado; pero Kinsey y su equipo consideraron exagerada esa reacción.

Asimismo, se les hacía difícil comprender por qué una niña se sentía alterada al tocársele sus genitales y argumentaron que la única explicación sería el condicionamiento cultural. Pensaron que las penas impuestas a los agresores que cometían este hecho eran demasiado duras, lo cual refleja un gran desconocimiento de las potenciales secuelas que el mencionado hecho deja en un menor.

Revitch [10] y Weiss [11] expresaron, en 1962, que la mayoría de los pederastas son seres inofensivos y sus víctimas, regularmente, seres agresivos y seductores. Mientras que, en 1966, Lustig [12] y sus colegas plantearon que las culpables del incesto eran las madres, pues al rechazar sexualmente a sus maridos generaban frustraciones sexuales y tensiones.

A principios de los años 70 se continuaba enseñando a los médicos que el incesto era algo excepcional que afectaba a un niño entre un millón. A finales de la misma década, Blair [13] y Rita Justice [14] concluían que las madres, al invitar a sus hijas a remplazarlas en su papel, sugerían al mismo tiempo que las remplazaran en el aspecto sexual.

En 1983, Meyer [15] escribió que en el incesto padre-hija está implicada toda la familia y que cada miembro es activo en la perpetración de este tipo de abuso. Asimismo, Bass y Davis consideran que los progresos en el reconocimiento del fenómeno, hasta mediado de los años 90, son consecuencia del movimiento de liberación de la mujer, que ganó fuerzas en los años 70.

Violencia y maltrato

La indefensión caracteriza la vida infantil y hace al niño presa fácil de la violencia y poder del adulto y de las variadas circunstancias en las que los padres son los actores principales. En ocasiones, por las dinámicas propias del entorno familiar, el niño es sometido al maltrato, al abandono, a la violencia y a la negligencia de quienes están obligados a cuidar de él. En dichas dinámicas, el amor y la seguridad son piezas de un complejo rompecabezas en el que la hostilidad niega al niño, abierta o solapadamente, todo derecho.

Sujeto a la autoridad de los mayores, se moldea su carácter bajo los signos de la violencia, la cual según Querol (1990:5) ha estado presente en diferentes épocas de la historia, en las que los niños han sido objeto de maltratos físicos que les han provocado, incluso, la muerte. "El infanticidio como estadio final de la violencia y el maltrato han sido practicados desde la más remota antigüedad en las culturas orientales y occidentales".

No escapa a este repaso histórico el abuso sexual a niños en la antigua Grecia, donde eran vendidos como esclavos, destinados a la prostitución y utilizados por adultos que los hacían objeto de violencia.

Hasta aquí, lo expresado permite entrever qué tan entrelazados se encuentran la violencia y el maltrato, por lo que es fundamental utilizar definiciones claras y precisas de ambos términos. Para ello, es necesario revisar, brevemente, la evolución histórica de la familia en tanto base principal de la sociedad y escenario primario donde se origina la violencia.

La familia y el origen de la violencia

Para entender cómo surge la violencia en la relación humana se hace necesario explorar las formas más antiguas y primitivas de familia. Engels (1978:17) se basa en las investigaciones realizadas por Morgan, quien descubrió la plataforma prehistórica de nuestra historia escrita descifrando las asociaciones de raza de los indios de América del Norte y encontró respuestas para explicar el origen de las antiguas familias griega, romana y germánica.

Siguiendo la exposición del trabajo de Engels se entiende cómo, en la prehistoria, la humanidad pasó del estado salvaje a la barbarie y de ésta a la civilización, correspondiendo a cada estadio una forma de relación y organización familiar particular.

En el estadio primitivo de la sociedad, hombres y mujeres se poseían indiscriminadamente, es decir, sin tomar en cuenta el parentesco que los unía y no existían límites que normaran la conducta sexual del ser human. Se capta con claridad cómo las mismas situaciones y relaciones aceptadas en un estadio son rechazadas con el paso del tiempo. El incesto, por ejemplo, común en estadios inferiores, fue luego rechazado por considerarse nefasto para la evolución del género humano. Igual ocurrió con el matrimonio consanguíneo que, en un estadio superior, fue rechazado porque las relaciones entre no consanguíneos engendraban una raza más fuerte física y moralmente.

Al revisar este trabajo sobre la evolución histórica de la familia, se encuentra que, al principio, el hombre vivía en comunidad; estaba organizado en tribus en las que todos trabajaban por el bien común y la división del trabajo no sólo era espontánea, sino que se establecía de acuerdo al sexo: el hombre estaba dedicado a la caza y a la pesca, mientras la mujer cuidaba de la casa. Cada uno era propietario de los instrumentos de trabajo, la tierra y el domicilio de muchas familias era común así como lo que se hacía y lo que se utilizaba (casas, huertas, barcazas, etc.).

Esta organización cambia cuando las tribus comienzan a criar y domesticar animales y se diferencian de las tribus de los bárbaros, esto es, aparece la primera gran división social del trabajo, pues las tribus pastoriles no sólo producen más, sino que producen otros víveres como leche y sus derivados, además de pieles, lana, hilos y tejidos, lo que era una ventaja respecto a las otras tribus, pues les permitió aumentar la producción al poder disponer de materia prima.

Este desarrollo dio paso a la posibilidad de establecer el cambio regular, porque lo que en estadios anteriores era accidental pasó a ser una práctica usual de intercambio entre miembros de diferentes tribus. Al consolidarse esta rutina, surgió la necesidad de crear una mercancía que sirviera como símbolo de intercambio, por lo que el ganado fue usado como la moneda de esa época.

El cultivo de los huertos propició la aparición de la agricultura y los granos, que en principio eran destinados a alimentar el ganado, se convirtieron en sustento del hombre. El descubrimiento del telar y el trabajo en metales como estaño, cobre y bronce favoreció la aparición de instrumentos y armas de guerra.

En definitiva, el florecimiento de la ganadería, la agricultura y los oficios manuales hizo posible que la producción aumentara con relación al consumo, es decir, a mayor número de actividades, mayor número de personas y jornadas de trabajo. Pero, ¿de dónde provenía ese nuevo contingente de personas? De la guerra, los prisioneros fueron convertidos en esclavos y, de esta forma, se incrementaron la productividad y las riquezas. Fue una nueva división social del trabajo que respondió a condiciones históricas que originaron la aparición de dos clases sociales: señores y esclavos, es decir, explotadores y explotados.

La historia demuestra que la violencia es la invasión del espacio del otro, surge como consecuencia inevitable de la división del trabajo y trae consigo la acumulación de bienes en forma no equitativa, ya que los individuos que dirigen y controlan el proceso productivo se apoderan del excedente económico que corresponde también a los otros.

La violencia se generalizó a medida que avanzaba la historia haciéndose manifiesta no sólo en la apropiación por parte de unos del producto del trabajo de otros, sino que, posteriormente, en la época esclavista, el individuo perdió, entre otros, hasta el derecho a la vida. El sujeto perdió la condición humana y comenzó a crear relaciones que perturbaron también la relación con el entorno.

Tenemos entonces que la violencia tiene su origen en la división de clases y la lucha por el poder en la que, aunada al proceso de acumulación de riquezas y la desaparición de la propiedad comunitaria, los opresores luchan por dominar y los oprimidos por liberarse.

Los sistemas sociales con base en estas luchas generan una masa de individuos excluidos y enfrentados entre sí y con el resto de la sociedad, de manera constante, para satisfacer sus necesidades. Es violencia ejercida contra el hombre, la mujer y los niños que genera una respuesta también violenta.

Podría decirse que, históricamente, el maltrato surge como consecuencia de la violencia y que es, además, una forma sofisticada en la que ya no es necesario el uso de la fuerza física para demostrar o ejercer el poder, sino que, en forma sutil, la agresión es transformada en seducción, soborno y abuso de autoridad, para dominar y desplegar el poder.

El problema de las definiciones

En el estudio de la problemática de la violencia, maltrato, violación y Asi encontré que, técnicamente, a excepción del término violación, estas categorías se utilizaban sin una definición precisa, lo que dificulta elaborar acertada y de manera coherente el análisis de eventos tan trascendentales en la vida de una persona.

A medida que revisaba la literatura, noté que los investigadores y estudiosos de esta problemática hacían uso indiscriminado de los conceptos, por ejemplo, en el caso de Asi muchos autores iniciaban la exposición hablando de las características de una persona abusada o empezaban definiendo Asi y terminaban confundiendo el término con violación.

Igual ha ocurrido con la definición de maltrato, la cual se ha confundido con la de niño maltratado y, como resultado, podría crear confusión en las personas que deben tomar decisiones en relación a los diferentes eventos (jueces, forenses, etc.). Los estudiosos de estos temas no definen en forma precisa dichos conceptos, lo que considero imprescindible, pues se trata de categorías básicas que facilitarán entender una realidad pocas veces comprendida en sus magnitudes significativas.

Sanmartín (2002:17) manifiesta que existen diferencias teóricas en cuanto a la definición de maltrato infantil y comenta que algunos investigadores restan importancia a las definiciones, porque no las consideran importantes en la práctica, pues es fácil diferenciar lo que es maltrato de lo que no lo es. En ese sentido afirma:

> Si fuese tan sencillo, surgiría una respuesta inmediata, por ejemplo en una cuestión tan ordinaria como dar un bofetón a un hijo, ¿es maltratarlo físicamente? Sin embargo, hay partidarios del sí y partidarios del no, los que están de acuerdo con el sí piden la penalización de la bofetada, hay quienes por el contrario dicen que la bofetada constituye un maltrato según las circunstancias.

Por su parte, Querol (1990:60) señala la dificultad que existe para encontrar una definición que satisfaga, ampliamente, lo que es maltrato en general y maltrato sexual en particular.

Con base en lo expuesto, encuentro puntos afines con estudiosos como Sanmartín y Querol, quienes refuerzan la preocupación por dichas imprecisiones y, me atrevería a recalcar, la necesidad de formular definiciones precisas y coherentes con los hechos, porque conceptualizaciones confusas podrían conducir a un abordaje inadecuado de los casos y a su ubicación indiscriminada en uno u otro evento (violación o Asi).

Al revisar la bibliografía y la información que circula en Internet se encuentra que las definiciones son pasadas por alto y se habla, indiferentemente, de maltrato, violación, violencia o Asi. Los artículos, conferencias y trabajos presentados tratan, en forma directa, la problemática elegida (maltrato, Asi o violación) y se limitan a mencionar formas de maltrato o Asi y a orientar el modo de identificarlo, las diferentes alternativas en cuanto a procedimientos para la atención de las víctimas y las repercusiones en el área psicológica y conductual, obviando la definición del evento al que se refieren.

Es urgente, entonces, una definición inequívoca, clara, objetiva y universal que permita identificar con precisión eventos traumáticos que ameritan la aplicación de programas tanto preventivos como curativos. Por ello, la revisión de algunas definiciones de maltrato, violencia y Asi me permiten proponer, más adelante, el concepto y la clasificación de los eventos tratados.

Maltrato

En un folleto informativo de la Fundación Oficina Nacional de Denuncia del Niño Maltratado (Fondenima) se define el maltrato de la siguiente forma: "¿Qué es el

33

maltrato? Un niño maltratado es aquel en el cual su salud física, mental o su felicidad es perjudicada o amenazada, por acción u omisión, por sus padres o por otras personas responsables de su bienestar". Obsérvese lo siguiente:

1) Se intenta definir maltrato y se define niño maltratado.
2) Se deja a discreción evaluar lo que perjudica o amenaza la felicidad del niño, criterio que dependería del contexto cultural, religioso, creencias, valores e historia personal.

Sanmartín (2002:18), refiriéndose al maltrato, señala: "El maltrato infantil es toda acción (o inacción) física, emocional o sexual, que dirigen contra la integridad física y/o psicológica del niño los responsables de su desarrollo".

En esta definición se observa lo siguiente:

1) Se intenta definir maltrato y se define maltrato infantil.
2) Cabría preguntarse si son los responsables del desarrollo del niño los únicos que pueden maltratar.
3) ¿Es contra la integridad física y/o psicológica o el maltrato en sí tiene consecuencias físicas, psicológicas y sexuales?

Violencia

En general, los diferentes significados de violencia destacan la acción de una fuerza intensa con un significado más visceral, que deja entrever la pérdida de control. A excepción de la definición del diccionario Larousse (1989-1990), las otras definiciones de violencia no consideran la variable coacción, que es el acto de amenazar, de hacer daño a otro o ejercer acción sobre otro y aparece cuando la víctima es amenazada de que se le causará daño a un ser querido o a ella misma en caso de no acceder a una u otra petición.

Para Hernández y Parra (2000:53), la violencia es: "...una acción que busca eliminar al otro con objetivos de sobrevivencia o, por el contrario, como una estrategia para crear, mantener o mejorar una relación de gran dependencia". Al analizar este concepto cabe preguntarse:

1) ¿Siempre se busca eliminar al otro o la eliminación es el fin último si la víctima no permite el sometimiento?
2) ¿Siempre es un medio para la sobrevivencia?
3) ¿Puede considerarse la violencia una estrategia para crear, mantener o mejorar una relación?

Con la definición de violencia se presentan los mismos problemas que con las de maltrato y Asi, predominando la falta de precisión y la confusión. Se habla de violencia política, de violencia contra la mujer, de violencia machista, de violencia sexual, pero la violencia es una sola y se resume en obligar a alguien e invadir su espacio a la fuerza.

Violación

De las que nos ocupan, es la definición en la que, universalmente, parece haber acuerdo y en la que tampoco se observan contradicciones al momento de usarla. Por lo tanto, sólo la he considerado en la medida en que sea necesario.

Abuso sexual en la infancia

Sileo (1982:89) define el Asi como el hecho de: "... someter a un niño o adolescente como víctima a la exposición de un estímulo sexual inapropiado para su edad y a su nivel de desarrollo psicológico e intelectual". De acuerdo con Sileo, el Asi se puede presentar como:

- un incidente de asalto sexual en el que se utiliza la fuerza física para controlar al niño. La víctima debe tener 16 años o menos.

- Contacto sexual o interacción (coito, manipulación de genitales, exhibiciones, sodomía) que ocurre entre un niño y otra persona de cualquier edad, en el que la participación del niño se ha logrado por maniobras coercitivas. En los casos de contacto sexual o interacción entre un niño y un adulto, aunque el niño haya cooperado.

- Es una actividad legalmente prohibida debido a la edad del niño y la supuesta madurez de la otra persona.

Nótese lo siguiente:

- si es un incidente de asalto sexual en el que se emplea la fuerza física estaríamos hablando de violación.

- Al decir "otra persona de cualquier edad," ¿qué pasa entre dos niños de la misma edad o entre un niño de 11 años y otro de 12 años? No se dice nada del agresor o del victimario.

- Se establece la edad del niño y de la supuesta madurez de la otra persona, por lo que cabe preguntarse: ¿es posible hablar de Asi si la edad de uno de los niños es 11 años y la de otro de 12 años?

Aunque Montero (1991:60-71) no define Asi plantea, con base en criterios clínicos y éticos, tres tipos de abuso sexual en un niño. Primer criterio: uso de la violencia para obtener contacto sexual con el menor; segundo criterio: repercusión del abuso sexual sobre la conducta del niño y su adaptación social; tercer criterio: uso del engaño o autoridad para lograr la aceptación de la propuesta sexual por parte del menor.

Plantea, además, que estos criterios diferencian abuso sexual de juegos sexuales y que estos pueden sobrevenir en la familia entre miembros de diferentes edades. En la tipificación elaborada por Montero considero que:

- al igual que Sileo, no diferencia entre las categorías abuso sexual y violación. También coinciden en señalar, como primer criterio, el uso de la fuerza física o violencia.
- Es necesario diferenciar juegos sexuales infantiles de juegos sexuales adultos.

Tanto Sileo como Montero consideran, en primera instancia, la violencia o fuerza física y, en segunda y tercera, la coerción, el soborno y el engaño.

Aguilar (1993:95) consideró el Asi como: "Una forma de maltrato infantil, por una especificidad indudable, por el carácter estructurante de la sexualidad y el amor para el ser humano". Los criterios considerados por Aguilar son:

1) La diferencia de edad entre la víctima y el agresor debe ser de cinco años o más.
2) Sometimiento de la víctima por parte del agresor con el uso de la fuerza y la presión o utilización del engaño, el soborno, la seducción o la

manipulación. La presencia de estas conductas, con independencia de la edad del agresor, es suficiente para hablar de Asi.

3) Las diferentes conductas que puede adoptar el agresor van desde el exhibicionismo, la pornografía y el contacto físico sin penetración hasta manosear, acariciar, masturbarse, penetrar con los dedos u objetos, coito parcial o completo.

Con respecto a la definición de Aguilar, señalo las que considero evidentes confusiones y contradicciones al definir Asi:

1) no explica a qué se refiere cuando menciona "... por una especificidad indudable, por el carácter estructurante de la sexualidad y el amor para el ser humano".

2) Los criterios planteados son confusos ya que, si hay conducta de soborno, engaño o manipulación, el criterio de edad es anulado.

3) Se contradice al establecer la diferencia de edad entre la víctima y el agresor, cinco años, y la anulación de este criterio ante la presencia de seducción o soborno.

4) Al decir "con el uso de la fuerza," propicia la confusión entre Asi y violación.

En el Centro Comunitario de Aprendizaje (Cecodap), citado en el Directorio de la Red de Prevención y Atención del Abuso Sexual en la Infancia y Adolescencia (2000:29), Duarte define el Asi como: "Una de las formas de maltrato a los niños, niñas y jóvenes, donde se irrespetan sus derechos y se vulnera la posibilidad de que tengan un desarrollo armónico".

Obsérvese que, aunque en esta definición el Asi es considerado una forma de maltrato (en el que se irrespetan los derechos de niñas, niños y adolescentes y, además, vulnera su desarrollo armónico) y se admite que hay consecuencias, deja de lado el hecho en sí, porque no puntualiza qué es Asi.

El Consejo Nacional de los Derechos del Niño, Niña y Adolescentes, en la Gaceta N° 37.815 del 11 de noviembre de 2003, define el Asi como:

> Toda acción en la que una persona de cualquier sexo y edad, utiliza su poder, dado por diferencia de edad, relación de autoridad, fuerza física, recursos intelectuales y sicológicos entre otros, con o sin violencia física para someter y utilizar a un niño, niña o adolescente, a fin de satisfacerse sexualmente, involucrándolo, mediante amenaza, seducción, engaño o cualquier forma de coacción en actividades sexuales para las cuales no está preparado física y/o mentalmente, ni en condiciones de otorgar su consentimiento libre e informado.

Al analizar el contenido de esta definición se encuentra que:

- no se toma en cuenta el criterio edad. De nuevo es tratado de forma arbitraria, es decir, puede hablarse de Asi entre un niño de 8 años y otro de 9 años, igual que entre un niño de 7 años y un adulto de 30 años. En esta definición se obvia el proceso evolutivo del individuo.
- Se insiste en el uso de la expresión "violencia física," sin considerar que en el Asi no está

presente, en tanto que en la violación sí. En el Asi prevalecen la seducción y los eventos que ocurren en forma subliminal en la relación entre la víctima y el victimario. Sin embargo, es importante acotar que en un mismo hecho entre un adulto y un niño puede darse violación y Asi.

La bibliografía existente y la información que circula por internet en relación al Asi son investigaciones y trabajos que pasan por alto la definición y mencionan, directamente, procedimientos, recomendaciones o elaboración de programas para la atención del abusado sexual sin considerar o aclarar el concepto.

No obstante, vale la pena destacar que, si bien en la actualidad se encuentra más información y se observa mayor interés en el tema del Asi, también es cierto que persiste la necesidad de formular un concepto universal que traspase las fronteras culturales, regionales, nacionales e internacionales, tal como lo expresa la propuesta del estudio de la Organización de las Naciones Unidas (ONU) sobre la violencia contra la niñez (2005:35).

Para el presente ensayo, revisé algunos de los más recientes trabajos y observé que la confusión al definir Asi se mantiene. En este orden de ideas, examino y analizo a continuación algunos conceptos propuestos por estudiosos del tema y por algunas organizaciones.

La Asociación Brasilera Multiprofesional de Protección a la Infancia y a la Adolescencia (2000), define el Asi como: "...toda situación en que un adulto utiliza a un niño o adolescente para su placer sexual. Puede haber o no contacto físico". Al examinar este concepto advertimos lo siguiente:

- no puede ser toda situación, porque en la violación hay utilización de la fuerza y en el Asi no.

- La definición no toma en cuenta el desarrollo cognoscitivo, psicológico, sexual y social del infante, la niña, el niño, preadolescente o adolescente.

- Cuando un adulto observa fotos o ve una película en la que se usan niñas y/o niños, preadolescentes y adolescentes como objeto de estimulación y obtención de placer sexual, tampoco es un evento de Asi, éste siempre requiere la presencia de la niña, el niño, preadolescente o adolescente.

En este orden de ideas, es oportuno e importante aclarar que el abuso es cometido por la persona que toma la foto o elabora la película, no por quien la utiliza para estimularse.

Loredo (2004:77) propone este concepto de Asi: "Constituye una interacción sexual que puede o no ser física, entre un niño y un individuo de una edad mayor, quien lo utiliza en forma violenta, con engaño o seducción, para su estimulación sexual, la del menor o la de otro(s)".

- Es evidente que Loredo confunde Asi con violación al mencionar que "...lo utiliza en forma violenta." Insisto en que la violencia no está presente en el Asi; además, el infante, la niña, el niño, preadolescente o adolescente no es utilizado para la estimulación sexual, sino para la satisfacción sexual.

- Decir "interacción sexual" le da una connotación de reciprocidad que, en el caso de abuso a un infante, niña, niño, preadolescente o adolescente no es cierta.

En su página web, la Sociedad Paulista de Psiquiatría Clínica define el Asi de siguiente manera:

> Cualquier conducta sexual llevada a cabo con un niño por un adulto o por otro niño de mayor edad. Esto puede significar penetración vaginal o anal al niño, también tocar sus genitales o que el niño toque los genitales del adulto o del niño de mayor edad, puede haber contacto oral, genital o tocar los genitales del adulto o del niño.

Veamos:

- Definición engorrosa que deja de lado situaciones que pudieran quedar fuera, jurídicamente, al no ser mencionadas en el concepto. Por ejemplo: succionar el pene, penetración con los dedos, acariciar los senos, los glúteos, entre otros.
- Hace mención a cualquier conducta sexual, llevada a cabo en un niño por un adulto, lo que tiende a confundir Asi con violación.

El Programa Internacional para la Erradicación del Trabajo Infantil define el Asi como sigue:

> ...contactos o interacciones sexuales entre un/a niño/a y una persona con más edad, con más experiencia adulto o incluso otro niño/a mayor (puede ser un desconocido pero generalmente son personas en que confía: hermanas/os mayores, personas en posición de autoridad como padres, madres, padrastro, parientes, cuidadores, amigos de la familia, vecinos, maestros, médicos, curas, etc.) cuando el niño es utilizado como un objeto de gratificación para que la otra persona

satisfaga sus necesidades sexuales contacto o interacciones que pueden ocurrir mediante fuerza, promesas, coacción, amenazas, manipulación emocional, engaños o presión. El abuso sexual puede ser físico, verbal o emocional e incluye:

a) toques o caricia de los genitales o el ano del niño/a, toque de los senos de las adolescentes niño/a tocando las partes sexuales de la otra persona.
b) Besos sexuales.
c) Penetración, que puede incluir el pene o introducción de objetos en la vagina, ano o boca de la niña.
d) Exponer el/la niño/a actividades sexuales de los adultos; o películas y/o fotos pornográficas.
e) Hacer comentarios obscenos sobre el cuerpo del niño o niña.
f) Hacer poses de niños desnudos o representaciones de actividades sexuales para otras personas como películas".

Notemos que, aunque expresa formas de Asi, éste se mezcla con violación cuando se hace referencia a que el contacto o la interacción pueden ocurrir mediante la fuerza. Asimismo, es una definición embarazosa que lleva a confusión.

En la página web del Ministerio de Poder Popular para la Ciencia, Tecnología e Innovación (2014), la Red de Educación Nacional (RENa), define el abuso sexual como:

"...el contacto sexual que puede ocurrir entre un niño o una niña y una persona de cualquier edad, donde la participación del infante se logra a través de manipulación, seducción o soborno. El exhibicionismo de niños, la pornografía infantil, la manipulación del cuerpo del niño o la niña, la violación y la manipulación de los genitales por un adulto son considerados actos de abuso sexual".

Obsérvese:

- Se nota en la definición que no está claro cuando se coloca infante como sinónimo de niña o niño, desconociéndose las diferentes etapas de desarrollo del ser humano, las que son necesarias considerar cuando se habla de un evento traumático.
- En esta definición se incluye violación, confundiéndose con abuso sexual.

Como puede observarse, persiste la necesidad de formular un concepto universal de abuso sexual que traspase las fronteras culturales, regionales, nacionales e internacionales, tal como lo expresa la propuesta del estudio de la Organización de las Naciones Unidas sobre la violencia contra la niñez, (2005:35).

Definiciones y clasificaciones propuestas

Igual que en el apartado anterior, trato por separado cada evento (maltrato, violencia y Asi), con las respectivas definiciones y clasificaciones que sugiero. Dicha clasificación tiene como finalidad facilitar la visualización del hecho en sí y tiene como objetivo inducir, a nivel del pensamiento, hechos que permitan captar con claridad de qué se está hablando, pues al ser la práctica frecuente no nos damos cuenta, en muchas oportunidades, de que estamos maltratando y, por lo tanto, no lo identificamos como maltrato.

Maltrato

Evento en el que existe un ente pasivo y un ente activo; conducta que tiene como base la agresividad, con la que el ente activo invade el espacio del otro. El maltratador está convencido de que las cosas son o deben hacerse como él dice; inconscientemente, tiene como objetivo la satisfacción personal. Con regularidad, la conducta del maltratador invade el espacio del otro a través del abuso de autoridad, llegando al acoso. En el maltrato se priva al ente pasivo de sus derechos, conculcándosele la posibilidad de conductas asertivas. Veamos ejemplos.

Ejemplo 1
El maestro que llama a un alumno por un sobrenombre.

- Ente activo: maestro.
- Ente pasivo: alumno.
- Objetivo: controlarlo.
- Acción: hacerlo sentir mal

El maestro, investido de su poder, cercena los derechos del alumno a ser respetado y ser llamado por su nombre.

Ejemplo 2
La madre que obliga a su hijo a disfrazarse de perro y el niño no quiere ese disfraz.

45

- Ente activo: la madre.
- Ente pasivo: el hijo.
- Objetivo: satisfacción personal, le gusta el disfraz de perro.
- Acción: obligar al hijo, no lo involucra en la selección del disfraz.

Ejemplo 3

Una mujer es obligada por su jefe a limpiarle los zapatos, bajo amenaza de despido si no accede.

- Ente activo: jefe.
- Ente pasivo: empleada.
- Objetivo: mostrar poder para su satisfacción personal.
- Acción: obligar a la empleada (abuso de poder).

Clasificación del maltrato

Propongo clasificar el maltrato de la siguiente forma: a) de acuerdo a su origen, b) de acuerdo a su destino y c) de acuerdo a sus consecuencias.

De acuerdo a su origen

Maltrato verbal

Es toda conducta o acción que tiene como instrumento principal la palabra, cuyo contenido es utilizado para corregir y controlar una conducta. Por ejemplo: gritos, burlas, comparaciones, calificativos como bruta(o), tonto(a), gafo(a). Amenazas como te voy a pegar, te voy a regalar, te voy a matar, me voy, te vas a quedar solo, es mejor criar cochinos que niños, utilizar sobrenombres.

Maltrato gestual

Es la conducta o acción que tiene como elemento principal la utilización de gestos. Ejemplos: amenazar con el puño, gestos con las manos, la boca, los ojos o el cuerpo.

Maltrato físico

Es la acción o conducta que utiliza como instrumento principal la mano, con la intención de castigar. Por ejemplo, nalgadas, correazos, pellizcos, halar el cabello.

Maltrato de hecho

Es el evento que tiene como mecanismo un acto conflictivo que desarmoniza las relaciones padre, madre e hijos. Por ejemplo: peleas de los padres delante de los hijos; dejar al niño en casa de abuelos, primos, tíos, amigos y olvidarse de él; expresar más afecto a un hijo que a otro; no enviar a la niña, niño, preadolescente o adolescente al colegio; no prevenir accidentes; no cubrir las necesidades básicas (alimentación, vestido, seguridad, medicinas).

De acuerdo a su destino

Comprende acciones o eventos dirigidos a un individuo determinado, sea infante, niña, niño, preadolescente, adolescente o adulto, con el objeto de controlarlo y someterlo a través de la fuerza. Entendiendo que:

Infante: es una persona con edad comprendida entre 0 y 18 meses.

Niña/o: es toda persona con edad comprendida entre 2 y 7 años.

Preadolescente: es toda persona con edad comprendida entre 8 y 14 años.

Adolescente: es toda persona con edad comprendida entre 15 y 17 años.

Adulto joven: es toda persona con edad comprendida entre 18 y 30 años.

Adulto: es toda persona con edad comprendida entre 31 y 59 años.

Adulto mayor: es toda persona de 60 años en adelante.

De acuerdo a sus consecuencias

Consecuencias físicas

Son traumatismos observables en el cuerpo de la víctima como cicatrices, hematomas, heridas o quemaduras.

Consecuencias psicológicas (intelectuales y emocionales)

En relación al área intelectual el infante, la niña, el niño, preadolescente o adolescente puede presentar dificultades para aprender a leer, problemas de cálculo, problemas de concentración, problemas de memoria, trastornos del habla y deserción escolar.

En la esfera emocional puede aparecer la somatización, presentándose asma, enuresis, angustia, depresión, irritabilidad, trastornos del sueño, onicofagia (comerse las uñas), desmotivación. Igualmente, se pueden presentar llantos y rabietas sin causa aparente; autoagresividad; heteroagresividad contra hermanos, hermanas, compañeros del colegio, juguetes y otros objetos, desobediencia permanente y encoprepsis (defecar y orinar en sitios inadecuados). En el caso del adulto, éste puede presentar somatización, angustia, depresión, irritabilidad, trastornos del sueño y desmotivación.

Violencia

Es toda acción en la que subyace la rabia incontrolable. El objetivo del agresor es controlar a la víctima haciéndole daño. Por ejemplo: un niño rompe un florero y el padre lo golpea; la madre golpea al hijo porque no quiere dormirse; una mujer es golpeada por su esposo porque llegó a la casa y no tenía la cena lista.

Clasificación de la violencia

Presento la clasificación de la violencia con base en los mismos criterios empleados para clasificar el maltrato, es decir, de acuerdo a) su origen, b) de acuerdo a su destino y c) de acuerdo a sus consecuencias.

De acuerdo a su origen

Violencia física

Es la conducta cargada de rabia incontrolable, que utiliza como elemento principal la mano, los pies, la correa o cualquier objeto para golpear. Es agitar, es infringir quemaduras o heridas, actos como halar bruscamente, pegar contra la pared, con el objetivo de causar daño, para someter al otro.

Violencia verbal

Es la conducta cargada de rabia incontrolable, que tiene como elemento principal la palabra, utilizando adjetivos que humillan y vejan a la persona.

De acuerdo a su destino

En general, son acciones violentas incontrolables dirigidas a un individuo (infante, niña, niño, preadolescente, adolescente o adulto) con la intención de someterlo a través del dolor.

De acuerdo a sus consecuencias

Consecuencias físicas

Son traumatismos observables producto de agresiones, que se manifiestan como lesiones en el infante, la niña, el niño, preadolescente, adolescente o adulto. Ejemplos:

- lesiones cutáneo-mucosas; contusiones; hematomas; equimosis; quemaduras; heridas con cuchillos, tijeras o herramientas;
- lesiones osteoarticulares, que son manifestaciones de lesiones óseas, fracturas, huesos dislocados, fracturas craneales, etc.;

- hematoma subdural, es decir, acumulación de líquido entre la duramadre y la aracnoides. El líquido puede ser pálido amarillento o sangre. Este tipo de lesión corresponde, específicamente, a lo observado en niñas y niños;
- lesiones oculares, consecuencia de golpes dados en la cara, que pueden ocasionar fracturas de huesos nasales, pómulos, órbitas oculares y lesiones en el globo ocular o hemorragias retinianas.

Consecuencias psicológicas (intelectuales y emocionales)

Los infantes, las niñas, los niños, preadolescentes y adolescentes presentan problemas en su desarrollo intelectual, problemas de concentración, problemas de memoria, dificultades en el aprendizaje y el habla. Pueden presentarse deserción escolar y fugas escolares.

Las consecuencias emocionales tienen que ver con la somatización (asma, enuresis u onicofagia). Las expresiones conductuales varían desde fugas del hogar, llantos, rabietas sin motivo, desobediencias continuas, autoagresividad, heteroagresividad y encoprepsis.

Los adolescentes pueden mostrar rebeldía, desobediencia, altanería, indolencia, resentimiento. Pueden sufrir depresión, angustia, ansiedad, trastornos del sueño, desmotivación y baja autoestima.

En lo que se refiere al adulto, las consecuencias intelectuales se manifiestan en problemas de concentración, de memoria o dificultad para entender, lo que redunda en bajo rendimiento académico. Desde el punto de vista emocional, las víctimas se deprimen con frecuencia, presentan baja autoestima y albergan resentimiento y rabia, lo que repercute tanto en el trato con los demás como en la presencia de problemas laborales.

Abuso sexual en la infancia

Es un evento de maltrato en el que el infante, la niña, el niño, preadolescente o adolescente es expuesto a una experiencia sexual inadecuada para su edad, desarrollo psicológico e intelectual, afectivo, moral y sexual, por parte de un adulto o de un adolescente en etapa de desarrollo diferente a la del abusado y con una diferencia de edad mayor de un año que la víctima, donde el victimario por seducción o haciendo uso de su poder y autoridad, manipula al infante, a la niña, el niño, preadolescente o adolescente y lo convierte en objeto para su satisfacción sexual.

Clasificación del abuso sexual en la infancia

Al igual que en las categorías anteriores, clasifico el Asi de acuerdo a) a su origen, b) de acuerdo a su destino y c) de acuerdo a sus consecuencias.

De acuerdo a su origen

Abuso sexual verbal

Tiene que ver con el comportamiento que utiliza como elemento principal la palabra, cuyo contenido intimida y estimula la curiosidad de la niña, el niño, preadolescente y adolescente. Por ejemplo: tienes un pompi atractivo; estás bien desarrollada(o); besaría tus piernas; te espero, me gustas, desearía estar contigo; me gustaría lamer tus senos, chistes de doble sentido, etc.

Abuso sexual gestual

Es la acción que a través de la mímica intimida a la niña, el niño, preadolescente o adolescente con la intención de estimular la curiosidad y el deseo. Ejemplos: mostrarle la lengua, mover la boca de alguna manera específica, insinuaciones pícaras con los ojos, mímicas con las manos y el cuerpo, colocarse las manos en los genitales, masturbarse delante de la niña, el niño, preadolescente o adolescente, mostrar los genitales, etc.

Abuso sexual físico

Es la conducta que tiene como principal elemento la utilización de las manos, el cuerpo y los genitales con el objetivo de intimidar, seducir y estimular la curiosidad y el deseo sexual del infante, la niña, el niño, preadolescente o adolescente para, posteriormente, lograr la satisfacción sexual. Ejemplos: manoseo, tocar como al descuido; tocamiento de senos, pene, vagina o ano con los dedos; hacer acariciar los genitales por parte de la niña, el niño, preadolescente o adolescente; practicar y hacerse practicar la felación, realizar la penetración anal o vaginal, encimarse sobre el cuerpo de la niña, el niño, preadolescente o adolescente.

Abuso sexual de hecho

Es todo evento que tiene como elemento principal la realización de un acto para estimular el deseo, seducir y despertar la curiosidad de la niña, el niño, preadolescente o adolescente. Ejemplos: presentar películas y revistas pornográficas; acariciar, manosear y mantener relaciones sexuales con la pareja cerca del infante, la niña, el niño, preadolescente o adolescente.

De acuerdo a su destino

Son las acciones o eventos dirigidos a infantes, niñas, niños, preadolescente o adolescentes por parte de un adulto, quien utiliza la manipulación y la seducción para beneficio sexual.

De acuerdo a sus consecuencias

Consecuencias físicas

*   Corporales: son frecuentes edemas, contusiones, desgarro, prurito, dolor vulvar, adherencias labiales, cicatrices, quemaduras, mordeduras, dilatación del orificio himeneal, aumento de eritema, vascularidad, prominencia del himen, cicatrices himeneales, irritación del ano, dilatación refleja del conducto anal, tumefacción de los tejidos perianales.
*   Infecciones de Transmisión Sexual (ITS): entre las ITS, para mencionar algunas, gonorrea, tricomoniasis, clamidia y el bacilo implicado en la vaginosis bacteriana.
*   Embarazo: es uno de los mayores riesgos y por ello, cuando se sospecha de abuso en la edad puberal y adolescente, es necesario practicar, inmediatamente, pruebas de embarazo.

Consecuencias psicológicas

En el área intelectual se encuentran trastornos del habla, del aprendizaje, problemas de concentración, problemas de memoria y bloqueo psicológico. Emocionalmente, son frecuentes las somatizaciones, dolores de cabeza, malestares estomacales, enuresis, pesadillas, trastornos del sueño, culpa, autoagresión, irritabilidad, ansiedad, vergüenza, rechazo del cuerpo, rechazo de los genitales, etc.

Consecuencias sexuales

Creencia en que su valor radica sólo en el sexo, precoz conocimiento sexual, masturbación compulsiva, conductas exhibicionistas, problemas de identidad sexual, relaciones sexualizadas con niños y adultos, el comportamiento gira en torno a lo sexual, pensamientos intrusivos relacionados con las experiencias sexuales del pasado.

Igualmente, sensación continua de no estar bien, problemas para relacionarse con personas del sexo opuesto, problemas para aceptar la sexualidad como una actividad placentera, sentirse importante sólo por el sexo, fobias sexuales, insatisfacción sexual, falta de interés en la actividad sexual, dificultad para dar y recibir afecto o exacerbación de la conducta sexual.

Consecuencias sociales

Ausencia de un repertorio conductual que le permita afrontar las diferentes circunstancias del entorno, aislamiento social, retraimiento, dificultad para relacionarse con otras personas, sensación de no sentirse bien en el grupo, sentimiento predominante de que se le nota que fue abusado, incapacidad para defender sus derechos, sumisión a las decisiones de otras personas y grupos, hostilidad y defensa ante el grupo, sentimiento permanente de no poder resolver problemas y de no hacer bien las cosas.

Notas

1) Debido a la reiteración de la expresión abuso sexual en la infancia, me referiré a ella como Asi. En títulos, subtítulos, nombres de libros o cuando el caso lo requiera, seguiré usando la expresión completa, es decir abuso sexual en la infancia.

2) Vale aclarar que, en este texto, utilizo las palabras definición y concepto como equivalentes.

3) Hugo Sotomayor, médico pediatra.

4) Auguste Tardieu (1818-1879), médico forense.

5) Sigmund Freud (1856-1939) padre del Psicoanálisis.

6) Pierre Janet (1859-1947), psicólogo y neurólogo.

7) Sándor Ferenczi (1873-1933), médico y psicoanalista.

8) John Caffey (1895-1978), médico radiólogo y pediatra.

9) Henry Kempe (1922-1984), pediatra.

10) Alfred Kinsey (1894-1956), biólogo y sexólogo.

11) Eugene Revitch (1909-1996), médico psiquiatra y neurólogo.

12) Rosalie Weiss. No se encontró información.

13) Noel Lustig. No se encontró información.

14) Blair Justice (1927-2014), psicólogo.

15) Rita Justice (1927), psicóloga.

16) Adele Mayer (1943-2014), psicóloga.

Segunda parte

El ser humano es una totalidad

Sociedad, sexualidad y aprendizaje

Tal como lo plantea Money (1982: 21-23), la evolución psicosexual del individuo es la continuación del desarrollo embrionario en el que el sistema reproductor es sexualmente dimorfo. Pasa lo mismo con el desarrollo psíquico y la conducta en los que, como en el proceso de diferenciación sexual en las fases genética y gonadal, pueden ocurrir alteraciones por accidentes biológicos[1], que impiden que la información genética sea transmitida, lo que interfiere el proceso de diferenciación del sexo.

Del mismo modo, la programación psicosexual de la persona está en función de la historia psicosexualsocial y es independiente del programa filogenético. La biografía social es la historia del individuo, es persistente y reforzada por el entorno familiar, grupo donde el niño inicia el proceso de sociabilización y aprende diferentes roles que responden a conductas tipificadas, ya sea porque es niña o niño, hombre o mujer, madre o hija.

Dichos roles son reforzados por la escuela, la Iglesia y el Estado y, como resultado, el rol sexual variará de acuerdo a la cultura, la clase social y el sistema político y religioso. Es evidente que en el proceso de sociabilización aparecen moldeadores psicosociales que ejercen influencia en el niño, asignándole esquemas de comportamiento que la sociedad señala como características propias del hecho de ser hombre o mujer, Ministerio de la Familia (1990:29,30).

Los teóricos del aprendizaje se interesan por el comportamiento observable, es decir, el que pueden registrar y medir. Hacen énfasis en la interacción que mantiene el individuo con el entorno y consideran que el aprendizaje del ser humano es igual al de los animales, que identifican las situaciones ambientales como placenteras, amenazantes o dolorosas, Papalea y Wendkos (1998:31).

Entre los estudiosos de la teoría del aprendizaje se encuentra Giraldo (1981:129), quien expone que el comportamiento propio del hombre o de la mujer se aprende de diferentes formas y define el aprendizaje como: "Cambio de conducta o adquisición de la misma con base en la experiencia real o simbólica, directa o indirecta". Menciona el aprendizaje por impresión, por enseñanza directa, por imitación de mayores, por condicionamiento y por procesos simbólicos o cognitivos (pensamientos).

El aprendizaje por impresión, explica Giraldo, depende de las experiencias ocurridas en períodos críticos del desarrollo de la persona, lo que permite que en el individuo se impriman con facilidad características que influirán en toda su conducta, pues los efectos son permanentes e irreversibles.

Este tipo de aprendizaje requiere de una práctica mínima, depende sólo de la exposición al objeto en circunstancias críticas y ocurre en períodos en los cuales el sujeto es especialmente vulnerable —por razones de maduración biológica y psíquica— a una impresión determinada, fenómeno comprobado en aves y en los indicios manifestados por infantes humanos. Dicha impresión es decisiva en el aprendizaje de modos de satisfacción sexual.

En cuanto al aprendizaje por enseñanza directa, Giraldo manifiesta que es el proceso en el cual se le señala al niño, de forma directa, cómo debe comportarse. Predomina lo que corresponde al comportamiento femenino o masculino, aprendizaje de la conducta sexual por enseñanza directa de la madre, el padre, tíos, abuelos y otros.

El aprendizaje por imitación es el que se produce por observación de modelos y permite el aprendizaje sociosexual del individuo. La persona ingresa a su repertorio conductual maneras de comportarse en cuanto a su papel sexual.

La conexión entre un estímulo y una respuesta define el aprendizaje por condicionamiento. Como se sabe, en el condicionamiento clásico la conducta se produce por la simple presencia de un estímulo condicionado con un estímulo no condicionado, que es el que provoca la respuesta.

El condicionamiento operante o instrumental es la conexión entre un estímulo y las consecuencias de la respuesta, aprendizaje por el que se sexualizan más y más estímulos hasta llegar a la respuesta genital orgánica, que no es resultado de una conexión mecánica.

En lo que se refiere al aprendizaje mediante procesos simbólicos, el mismo es posible por medio del autorrefuerzo, el cual puede sobrepasar las influencias externas que gobiernan la conducta social, a través de recompensas y castigos aplicados a uno mismo.

El ser humano produce respuestas emocionales positivas y negativas que pueden ser inhibitorias ante la sola idea de lo que puede pasar. Esto significa que el individuo se anticipa a los hechos imaginativa y creativamente y reacciona bloqueando la posible respuesta. En estas condiciones, el individuo puede emitir respuestas condicionadas de separación en lugar de respuestas de acercamiento.

En ausencia de un estímulo externo, la imaginación puede crear respuestas del sistema nervioso autónomo y reacciones viscerales, lo que constituye un autocondicionamiento interno. La capacidad de imaginar y crear son de gran diversidad en la sexualidad humana, así como las múltiples variedades y diferencias conductuales en la especie humana.

En este sentido, considero que, en atención a lo planteado, se desprende que la sexualidad no depende sólo del componente biológico sino que, por el contrario, para entenderla es vital examinar el desarrollo humano desde una perspectiva biopsicosexualsocial [2] en la que los procesos biológicos, cognitivos, psicológicos, afectivos, morales y sexuales se entiendan como piezas fundamentales del comportamiento humano.

Cada proceso sigue un curso evolutivo propio y materializa el progreso, tanto en procesos subsiguientes como por medio de una serie de conductas observables y previsibles que informan del grado de madurez —que depende de la edad— y, al mismo tiempo, ubican al individuo en un período de evolución que indica, a su vez, la madurez alcanzada por la persona en los diferentes aspectos (biológico, psicológico, sexual y social) del desarrollo.

Así como existen situaciones que, desde el punto de vista biológico, pueden impedir que la información genética sea transmitida —ocasionando alteraciones en el proceso de diferenciación del sexo— sucede lo mismo con la evolución psicosexual.

En ella, eventos negativos como el Asi pueden violentar la evolución sexual del sujeto, pues es un hecho que interrumpe e interfiere los procesos fundamentales que tienen que ver con la estructura psíquica y el desarrollo sexual de la persona, que entorpece la secuencia de su desarrollo y ocasiona graves alteraciones en su comportamiento.

Para explicar lo que ocurre en un individuo objeto de Asi me apoyo, teóricamente, en la influencia del aprendizaje sustentada por Giraldo; en la teoría de la función sexual como variante fisiológica expuesta por Bianco; en el desarrollo cognoscitivo, afectivo y moral de Piaget y en el principio biológico, psicológico y el aprendizaje social de Bijou y Baer.

Principios fundamentales en el estudio evolutivo del ser humano

Para analizar en forma objetiva los variados procesos interrelacionados e inmersos en la maduración y consecuente formación de la conducta, propongo partir de tres principios fundamentales:

1) el ser humano es un ente biopsicosexualsocial.
2) La conducta del individuo está determinada por la interacción entre lo biológico y lo social, en la que se da un proceso de creación y transformación —producto de una serie de cambios cuantitativos y cualitativos—, lo que arroja como resultado la conformación biológica, psicológica, sexual y social del ser.
3) Para entender el comportamiento humano es imprescindible. el estudio de la influencia del aprendizaje.

En circunstancias específicas de la vida, algún aspecto de los que estructuran el desarrollo biopsicosexualsocial destaca por encima de los demás —manteniendo la interrelación continua entre ellos—, para dar paso a las múltiples trasformaciones que preparan el organismo para la vida.

En lo que respecta al principio biológico, Bijou y Baer (1975:123) lo consideran "mecanismos unificados conformados en un todo llamado cuerpo —sistema nervioso central, sistema circulatorio, sistema endocrino, huesos, músculos y glándulas—, cuyo funcionamiento definen como cambios ordenados en la estructura (anatomía) y en el funcionamiento (fisiología)".

El principio psicológico está relacionado con la actividad observable del organismo: movimiento, quietud, tomar o tirar objetos, empujar, emitir sonidos, gestos, etc. El desarrollo psicológico es definido como "...cambios progresivos de la conducta de un organismo biológicamente cambiante en relación con una sucesión de eventos ambientales que en su mayor parte son producto de la cultura", (p. 134).

Es decir, la evolución del componente psicológico hace posible que el individuo responda a nuevos estímulos —iguales, semejantes, diferentes o de mayor complejidad— sobre la base de conductas aprendidas socialmente.

Ambos investigadores enfatizan la interrelación continua de lo biológico, los acontecimientos psicológicos y los eventos ambientales, porque lo consideran una trilogía indivisible, una unidad de respuestas integradas pues "...pareciera que los acontecimientos psicológicos son en sí mismos acontecimientos biológicos, dándose la acción recíproca entre partes del organismo y estímulos, donde los acontecimientos biológicos y psíquicos ocurren simultáneamente," (p. 27).

El desarrollo psicológico y la conducta adquirida son explicados, suficientemente, a través del condicionamiento social (determinante de la conducta) y propuestos en la teoría del aprendizaje.

Según Vigostky (citado por Wertsch, 1995:38), el desarrollo infantil es un proceso complejo que no puede ser definido sobre la base de una sola de sus características, pues si bien es cierto que la base biológica es fundamental, también lo es que, a partir de algún momento del desarrollo, las fuerzas biológicas no pueden ser consideradas como la única y principal fuerza del cambio.

Explica que al comienzo del desarrollo de un organismo, el peso recae sobre los factores biológicos y que a medida que el individuo crece, ese peso se desplaza hacia factores psicosexuales y sociales que operan dentro de un marco biológico dado. Por ello, se hace necesario revisar el desarrollo cognoscitivo, afectivo, moral y psicosexual del individuo. ,

¿Por qué estudiar los estadios planteados por Piaget?

El desarrollo evolutivo nos permite entender los procesos internos que ocurren en el ser humano desde su concepción y en los que cada etapa contribuye, de forma progresiva, a la conformación de estructuras sofisticadas y complejas que explican el comportamiento humano.

En el estadio sensoriomotor, el comportamiento de la persona puede ser explicado partiendo de sensaciones y motricidad. Los reflejos de hambre y dolor facilitan el primer contacto con el ambiente y, a su vez, estas señales biológicas serán el vehículo para interactuar y seguir existiendo.

Entender que en el estadio preoperatorio ocurre la toma de conciencia de la propia existencia y del entorno (conocimiento no sólo del cuerpo, sino del ambiente), a través del método ensayo y error, así como el descubrimiento de la manera en que deben resolver situaciones utilizando la intuición.

En este estadio, el pensamiento se concentra sólo en una parte del estímulo. La aparición de la función semiótica da paso a la representación mental que, junto a la aparición del lenguaje, permite un pensamiento superior.

Gracias a los estadios planteados por Piaget, entendemos lo que ocurre en esa unidad, en esa totalidad que es el ser humano, por medio de elementos indivisibles: biológico (anatomía fisiología), psicológico (cognición- afecto-emoción), sexual (anatomía, fisiología, aprendizaje) y social (aprendizaje moral, actitudes, creencias, valores, moldeamiento).

Mediante la comprensión de todo ese proceso de transformación continua, en el que a cada segundo se producen cambios cuantitativos y cualitativos —que desembocan en estructuras, funcionamientos y comportamientos superiores—, puede ocurrir un accidente biológico o social que interfiera ese desarrollo. Por ejemplo: si es un accidente biológico en el momento de la diferenciación sexual, a nivel de los cromosomas, se observarán alteraciones en el nuevo ser, lo que afectará no sólo su evolución biológica, sino también el desarrollo de los procesos psicológicos, sexuales y sociales.

Si el accidente se da en la esfera sexual-social, como cuando se abusa de un infante, una niña, un niño, preadolescente o adolescente, puede decirse que se suscita en un momento específico del desarrollo y que el acontecimiento irrumpe en los procesos psíquicos fundamentales que tienen que ver con el desarrollo afectivo, moral, sexual y social, lo que entorpece la continuidad de ese desarrollo, ocasionando graves alteraciones en el comportamiento del individuo.

En el abusado o abusada sexual en la infancia se produce un aprendizaje por impresión que facilita la grabación no sólo en la psique, sino a nivel sinestésico (en los músculos, en la piel, en los huesos) de un suceso que se hará presente a cada instante, a cada segundo y que recordará a la niña, al niño, preadolescente o adolescente, constantemente, el momento de la infancia rota, de la dignidad burlada, de una caricia que en lugar de afecto y apoyo daba paso al miedo, al pánico, a la angustia.

Contrario a lo que le habían indicado, por enseñanza directa, padres, tíos y abuelos, en la que los mensajes que pautaban comportamientos que indicaban las ideas sobre el sexo (malo, feo, cochino o eso no se toca, eso es correcto o incorrecto, lo bueno y lo malo) eran reforzados por las actitudes y los mensajes que no necesitaban palabras sino acciones. ¿Cómo entender entonces lo que estaba ocurriendo, cuando el cuerpo y la psique respondían ante estímulos sexuales que no eran los más adecuados, de acuerdo a lo aprendido?

En consecuencia, la niña, el niño, preadolescente o adolescente comienza a emitir respuestas ante eventos disonantes que no encajan en su estructura cognitiva y que producen un desequilibrio cognoscitivo que se instalará y permanecerá en la psique por el resto de sus dias.

Dicho desequilibrio cognitivo le impedirá acomodar una información nueva que no encaja, que no calza con la adquirida con anterioridad. Entrará en conflicto y aparecerán la confusión, las dudas, la negación y la culpa, que lo acompañarán en todos los actos de su vida en los que el aprendizaje por procesos simbólicos juega papel determinante, ya que el niño por medio del autorrefuerzo produce respuestas emocionales que pueden inhibir y/o anticipar imaginativa y creativamente las posibles respuestas.

La imaginación puede provocar respuestas del sistema nervioso autónomo, reacciones viscerales en ausencia o presencia de un estímulo externo y predominar la información interna sobre la base de sus experiencias, lo que da como resultado un autocondicionamiento interno en el que la psique juega un papel determinante. En el abusado sexual en la infancia se observa que su pensamiento gira alrededor de su sexualidad, lo que influye, de manera continua, en su comportamiento.

El Asi interfiere el desarrollo cognoscitivo, afectivo, moral sexual y social del individuo y deja secuelas que resisten el paso del tiempo. Cuando se abusa sexualmente de una niña, un niño, preadolescente o adolescente se le obliga a sentir sensaciones que producen placer y que son tergiversadas al percibirlas como incorrectas o malas, pues psicosexualmente no está preparado para experimentarlas. Esto golpea la unidad situación/estímulo/respuesta sexual en forma directa y da paso a las diferentes disfunciones sexuales.

En el abusado se instala la creencia y seguridad de que ha cometido una falta, de que ha transgredido una norma social y este estado emotivo lo predispone en su vida adulta para el no disfrute y, en caso de permitírselo, es probable que aparezca la desagradable sensación de que lo que hace es inmoral. Se debate en un conflicto eterno entre el placer y la culpa y evita cualquier acción que lo lleve a una relación afectiva placentera.

Lo expuesto es reforzado por McCary (1999: 240), quien al referirse a investigaciones relacionadas con el tema y al aporte de las mismas, señala que ellas han revelado el sentimiento de culpa como uno de los factores de mayor influencia en la inhibición de actitudes y comportamientos sexuales de las personas. Asimismo, menciona estudios que la señalan como el inhibidor por excelencia de la libertad sexual, aunque no de la conducta sexual.

Igualmente, informa que si bien es cierto que en los inicios una pareja puede sentir cierta culpa por besarse, después de continuar haciéndolo el sentimiento de culpa desaparece por completo y al avanzar a otro nivel de intimidad puede llegar al coito. Lo expuesto por McCary no es lo que ocurre en el abusado, en él persiste la seguridad de haber cometido un error, lo que lo induce a mantener conductas de autocastigo que le niegan toda posibilidad de sentir bienestar. Pero, lo que el abusado no sabe es que, desde el punto de vista fisiológico y con independencia de la edad, el ser humano está preparado, específicamente, para sentir y responder.

Desarrollo cognoscitivo, afectivo, moral y psicosexual del individuo

Desarrollo cognoscitivo

El estudio del desarrollo cognoscitivo propuesto por Piaget e Inhelder (1982: 15-37), que explica el avance intelectual del ser humano desde el nacimiento hasta la adolescencia, es puntual en esta teoría pues expresa el pensamiento infantil y la evolución cognoscitiva en el individuo, quien desde que nace cuenta con tendencias innatas que le permiten ejecutar los reflejos de succión, aprehensión, gritar y asir.

De acuerdo con esta teoría, la capacidad mental no es heredada pero sí la forma en que se responde, lo que permite al individuo adaptarse al ambiente y sobrevivir. El trabajo expone que el intelecto está conformado por estructuras que corresponden a las diferentes habilidades físicas y mentales que reciben el nombre de esquemas, los cuales son modificados por influencia de la edad, las diferencias individuales y la experiencia.

De igual manera, concibe la existencia de dos funciones fundamentales en el desarrollo evolutivo humano: la organización y la adaptación, esta última conformada por la asimilación, la acomodación y la interiorización, procesos que ocurren en la mente de todas las personas y que no dependen de la edad, de las diferencias individuales ni de las experiencias vividas.

Plantea también que la vida del ser humano se inicia con reflejos innatos que, por influencia de la interacción del niño con el ambiente, cambian de forma gradual y permiten el desarrollo de otras estructuras físicas y mentales que se van conformando de manera progresiva. Dichas estructuras son, en gran parte, ideas y conocimientos que facilitan la resolución de situaciones nuevas, que sirven de base para la adquisición de conocimientos y originan cambios en los ya existentes.

Aquí ocurre la asimilación, proceso de ajuste al medio, que facilita la incorporación de ideas, objetos y otras experiencias a la sucesión de esquemas ya existentes en la estructura cognoscitiva del sujeto. Aparece luego la acomodación, que permitirá explorar, experimentar, probar otras conductas, ensayar, errar y reflexionar en la búsqueda de información.

La acomodación conforma nuevos esquemas en los que la información —ya existente en la estructura cognoscitiva— es cotejada con la nueva, que abre paso a la incorporación de otros elementos que abonan el terreno para que se produzca la acomodación de la información reciente a los esquemas aprendidos.

Los ya existentes son combinados y ampliados con los conocimientos recién adquiridos para afrontar situaciones desconocidas, posibilitando la adaptación del individuo al medio a través de un novel repertorio de esquemas que le permitan afrontar y resolver las situaciones desconocidas. Dicha adaptación se modificará cuando el ambiente cambie y en la medida en que el sujeto amplíe su campo de acción.

Los procesos de adaptación e interiorización ocurren de manera simultánea. Mientras que el universo del bebé depende de acciones y percepciones pasajeras, a medida que avanza en edad puede representar el mundo en su mente por medio de imágenes y recuerdos, gracias a la aparición de la función semiótica que se presenta alrededor del año y medio, dos años. En el niño se manifiestan diferentes tipos de conductas, tales como la imitación diferida, el juego simbólico, el grafismo, la imagen mental y el lenguaje que, en conjunto, desembocan en la representación interiorizada que puede estar desligada del contexto externo.

La imitación diferida permite la representación en acto —liberada de las exigencias sensoriomotrices de copia perceptiva directa—, una de las formas adquirir significantes diferenciados y, como resultado, la representación en pensamiento. Reforzada por el juego simbólico, el dibujo y la imagen mental, la imitación no es sólo diferida, sino también interiorizada. De esa forma se realiza, en forma progresiva, la representación mental desprendida de todo acto externo, afianzándose los esquemas internos de acción que serán los soportes del pensamiento.

A lo largo de su desarrollo, el niño pasa de un estadio a otro, quedando el estadio anterior como base y asiento de conductas más sofisticadas. Así, pues, el niño se dirige, de manera gradual o continua, a procesos superiores como la abstracción, generalización, asociación y formación de conceptos que le permitirán un mayor entendimiento del mundo que lo rodea.

Estadios del desarrollo cognoscitivo planteados por Piaget

Estadio sensoriomotor

Abarca desde el nacimiento hasta los dos años; toda la experiencia está centrada en la información sensorial inmediata y de actividades motoras o movimientos corporales. El bebé explora su entorno a través de sus reflejos y se comunica con él sobre la base de sus necesidades biológicas: hambre, dolor y fatiga.

Se limita a mirar fijamente los objetos que tiene delante y, en forma progresiva, tiende a agarrarlos para, más adelante, estirar sus brazos para alcanzarlos. La rapidez de su progreso depende del medio ambiente en el que se encuentra, la estimulación sensorial y la interacción con los adultos, todo lo cual influye en su desarrollo cognoscitivo.

Estadio preoperatorio

Comprende desde los 2 hasta los 7 años. En esta fase la guía del niño es la intuición más que la lógica. Ahora posee un pensamiento superior. El uso del lenguaje le permite conocer mejor el entorno, pregunta y puede entender los comentarios de los adultos. Su discurso es egocéntrico, habla de sí mismo y no puede colocarse en el lugar del otro. Es reiterativo y disfruta repitiendo palabras. En este período sólo reconoce en su mente sucesión de realidades.

Este estadio consta de seis etapas en las que, en forma encadenada, el niño va perfeccionando sus conductas y su acción en el medio y, paso a paso, sus reacciones son más activas. Explora el ambiente descubriendo formas de resolver problemas ensayando nuevos comportamientos; no comprende los argumentos lógicos de los adultos para explicar lo que hacen.

Su pensamiento es estático y tiende a concentrarse sólo en un rasgo, no tiene capacidad para combinar condiciones y acontecimientos; presta atención a un aspecto del problema o de la situación y la comprensión de lo que ocurre está restringida por sus propias percepciones, pues atiende, únicamente, a los atributos sobresalientes del estímulo.

Además, su pensamiento es unidimensional y se caracteriza por estar centrado en un único aspecto del objeto o situación y extrae conclusiones basadas en hechos concretos que ha observado. No entiende el proceso de transformación y considera, nada más, el estado inicial y final de un objeto o situación; presta atención al todo y hace caso omiso de las partes.

Estadio de las operaciones concretas

Ocurre, aproximadamente, entre los 7 y 11 años. Aquí el niño es cada vez más lógico, pues ha ido adquiriendo la capacidad de realizar operaciones basadas en el pensamiento lógico y las realiza apoyándose en estímulos concretos. Es más ordenado al procesar información y analiza percepciones, detecta pequeñas pero importantes diferencias, tiene mayor conciencia de los aspectos que han de tomarse en cuenta y es capaz de conservar [3] clasificar y ordenar.

Estadio de las operaciones formales

Se inicia alrededor de los 11 ó 12 años. En esta etapa se da una liberación de su pensamiento en relación a los objetos, que resulta en la habilidad de separar las relaciones y clasificaciones de sus vínculos concretos. El niño comienza a combinar ideas o proposiciones, lo que le lleva a una nueva lógica y aparece, en forma espontánea, el espíritu experimental.

En este período, el adolescente mejora su comunicación; piensa, se hace preguntas acerca de sus propios pensamientos y los compara con los de otras personas; puede corregir cuando se da cuenta de que ha percibido mal. Ahora asume con facilidad varios roles, incluso los contrarios a los de su preferencia y repite actividades sociales y estrategias para resolver problemas.

Desarrollo afectivo

Piaget e Inhelder (1982: 148-150) consideran que lo cognoscitivo y lo afectivo se complementan. El primero, lo cognoscitivo, es la estructuración de la evolución del conocimiento cognoscitivo; el segundo, lo afectivo, es la parte energética. Son inseparables y entre ellos se establece un paralelismo evidente en sus respectivos desarrollos.

El esquematismo cognoscitivo pasa de un estado inicial centrado sobre la acción a la construcción de un universo objetivo y descentrado, la afectividad de los mismos niveles sensomotores, procede de un estado indiferenciado entre el niño y su entorno físico humano, para construir un conjunto de cambios entre el mismo y las personas (interindividualidades) o las cosas (intereses variados según los niveles),... (p.31).

Lo expresado por los autores me mueve a interpretar que, con respecto al progreso en lo afectivo, el desarrollo cognoscitivo y el desarrollo afectivo están interconectados y que en esa interconexión ocurren procesos similares o iguales. Tomemos como ejemplo el período sensoriomotor. En él, la acción es el centro para la construcción de un universo objetivo y descentrado.

En lo concerniente a lo afectivo, ocurre un estado de indiferencia entre el niño y el ambiente que lo rodea, al que contacta sólo para satisfacer sus necesidades y lograr el proceso de diferenciación. Al hacerlo, abre paso a los sentimientos hacia las personas que se vuelven significativas.

De igual forma, el infante puede diferenciar entre personas y situaciones agradables o desagradables y entre objetos que están en el ambiente y son de su interés, pues así como evoluciona lo cognoscitivo crece lo afectivo, ya que entre ambos transforman la interrelación ambiente-individuo / individuo-ambiente.

En este orden de ideas, Piaget e Inhelder parten del supuesto de que la afectividad es seguida por lo cognoscitivo y que ambas se producen en función de un mismo proceso evolutivo. El infante sustituye un mundo de imágenes que fluctúa sin consistencia espacio-temporal ni causalidad exterior o física, dando cabida a un universo de objetos permanentes y estructurados, donde lo afectivo se adhiere a esos objetos permanentes localizables y fuentes de causalidad exterior en que se han convertido las personas.

De allí la constitución de las "relaciones objetales" en estrecha unión con el esquema de objetos permanentes, hipótesis verificada por Gouin-Décarie (psicóloga canadiense citada por Piaget), quien demostró la existencia de una correlación significativa ente reacciones afectivas y "relaciones objetales" y que, en líneas generales, las etapas de la afectividad para cada grupo de sujetos corresponden a los de la construcción del objeto.

A este planteamiento se suma lo demostrado por Anthony J., también citado por Piaget e Inhelder (1982: 36), quien encontró lagunas en el esquema del objeto permanente en niños psicóticos que presentaban perturbaciones en las relaciones objetales".

Al analizar la función semiótica, vital en el desarrollo cognoscitivo, puede observarse que en el período sensoriomotor esa función permite que el objeto afectivo cobre fuerza, actuando incluso en ausencia de dicho objeto afectivo por influencia de la representación mental y la memoria de evocación.

Todo ello permite la formación de nuevos afectos en forma de simpatías y antipatías duraderas en relación a otros. La correspondencia entre niño y adulto es fuente de transmisiones educativas, generadoras de sentimientos sobre todo morales, a los que le siguen las relaciones entre niños como un proceso continuo y constitutivo de sociabilización, el cual es, según Piaget e Inhelder (1982: 118), "progresivo y no regresivo".

Desarrollo moral

Piaget e Inhelder (1982: 123-129) consideraron el desarrollo moral como producto de las relaciones entre el niño, sus padres y los adultos, para explicar el surgimiento de "sentimientos morales de obligación de conciencia". Al respecto, señalan cuatro elementos importantes: génesis del deber, heteronomía, realismo moral y autonomía.

1) Génesis del deber es el respeto que, intrínsecamente, conlleva la relación entre un superior y un subordinado. Respeto unilateral diferente al respeto mutuo, que se asienta sobre la reciprocidad de la estimación.

2) Heteronomía es la reacción afectiva y estructura inherente al juicio moral antes de los 7 u 8 años, en la que los mensajes pierden poder en ausencia de las personas que los emiten y aflora en el niño un malestar momentáneo. A *posteriori*, esos mensajes o consignas adquieren un efecto duradero y dan lugar a las asimilaciones sistemáticas.

Sin embargo, el niño no acata la norma en su totalidad, porque en él se produce una especie de ambivalencia en la que los componentes del respeto se disocian y desembocan en una mezcla de afecto y hostilidad, simpatía y agresividad, por lo que la aparición de sentimientos de culpa se considera ligada a esa ambivalencia más que a la mera acción del mensaje y del respeto al mismo.

Odier (también citado por Piaget, 1982: 126) estudió los sentimientos de angustia producidos por la culpa que generan el castigo y el sacrificio. Consideró la posibilidad de que el niño no sólo se sintiera culpable por haber sido hostil, sino también que la angustia que ese sentimiento le provocaría lo llevaría a buscar castigo, autocastigo y a realizar sacrificios que, combinados con formas casi mágicas de precausalidad, se convierten en un instrumento de defensa y protección.

3) Realismo moral es la heteronomía y conduce a una estructura sistemática, preoperatoria, desde

dos puntos de vista. Por un lado, los mecanismos relacionales; por el otro, los procesos de sociabilización que dan paso al realismo moral, en el cual las obligaciones y los valores están determinados por la ley o la consigna.

Es una realidad moral que lleva a la responsabilidad objetiva, valorada de acuerdo al grado de conformidad material con la ley y que no parte de las intenciones voluntarias que estén implicadas, al tiempo que están en conflicto con la ley o con el mensaje. Si el mensaje para el niño es que diga la verdad, reflejará una situación de realismo moral y la consiguiente responsabilidad objetiva.

Por ejemplo: en un experimento con niños, comparar una mentira real con una simple exageración. La mentira real se refería a que el niño debía decir en casa que había obtenido buena calificación en el colegio, cuando en realidad no había sido interrogado; la exageración era contar que había sentido miedo de un perro grande como un caballo o una vaca.

Como resultado, se obtuvo que para los niños la primera mentira no era mala, ya que a menudo se obtienen buenas calificaciones. Pero la segunda era fea, porque nunca vio un perro del tamaño de un caballo o de una vaca. Aparece ésta como la más grave, no porque la intencionalidad era engañar, sino porque, materialmente, se aleja de la verdad objetiva.

4) Autonomía: poco a poco el niño se encamina hacia relaciones asentadas en el respeto mutuo, lo que origina la reciprocidad como producto esencial. El sentimiento de justicia es adquirido a expensas de

los padres y a medida que el niño avanza en edad, la justicia se impone sobre la obediencia y se convierte en norma central que, en el plano afectivo, equivale a las normas en congruencia con las operaciones cognoscitivas y la estructuración de los valores morales.

Entre el subperíodo preoperatorio (7, 8 años) y el subperíodo de conclusión (11, 12 años) se asiste al desarrollo de un gran proceso: el paso de la centración subjetiva cognoscitiva, afectiva y moral a la descentración que reproduce y desarrolla el pensamiento.

Desarrollo psicosexual

En mi opinión, la sexualidad es fundamental en el desarrollo del ser humano. Es dinámica e inherente al ser vivo y está presente, en sus variadas expresiones, desde la etapa fetal hasta la muerte. Está determinada e influenciada por el aprendizaje del individuo consigo mismo y con el entorno.

El desarrollo psicosexual no debe ser tratado de forma diferente a los aspectos cognoscitivos, afectivos y morales, porque forma parte del desarrollo del ser humano (indivisible) y está entrelazado con los múltiples procesos por los que transita el individuo desde su niñez hasta su adultez.

En el desarrollo cognoscitivo, por ejemplo, florece una conducta no diferenciada ante el entorno en el período sensoriomotriz. Lo mismo ocurre en las primeras etapas del desarrollo de la sexualidad, cuando el niño descubre el mundo que está fuera de él.

Al principio realiza acciones sin sentido que, progresivamente, van tomando forma hasta llegar a resolver situaciones problema tales como buscar una pelota perdida, subirse a un mueble para agarrar el tetero o el chupón, etc.

Simultáneamente, descubre su cuerpo, sus manos y, a través de la exploración de su propio cuerpo, aparecen sensaciones agradables como chuparse el dedo o meterse la mano en la boca, tocarse los pies y los genitales, es decir, el niño descubre sensaciones placenteras que quiere repetir.

En consecuencia, es necesario enfatizar que desde el mismo momento de la concepción se inicia en el ser humano la conformación del indivisible componente biológico (fisiológico y anatómico), que prepara al individuo para la satisfacción de sus necesidades sexuales.

Al explicar el desarrollo cognoscitivo, Piaget e Inhelder (1982: 16) manifestaron que, al nacer, el ser humano cuenta con una serie de reflejos innatos que no tienen intencionalidad en la conducta del recién nacido, esto es, el comportamiento es de carácter netamente fisiológico.

Igual ocurre en relación a la sexualidad, en la que es necesario explicar tanto los procesos fisiológicos como las influencias sociales, lo que evidencia la necesidad de tratar al individuo como una entidad biopsicosexualsocial.

Por su parte, Wertsch (1995:40) al plantear la teoría de Vigostky sobre la formación social de la mente, estableció que los procesos psicológicos superiores tenían su origen en procesos sociales sin obviar el aspecto biológico del ser.

Dicho argumento fue validado por los estudiosos de las teorías del aprendizaje, quienes al hablar del desarrollo psicosexual del ser humano partieron del hecho de que la conducta está bajo el control de estímulos internos y externos, cuyos efectos están determinados por el aprendizaje anterior. Lo mismo ocurre con la conducta sexual, prefijada por el condicionamiento social.

Criterios para determinar la existencia o no de abuso sexual en la infancia

Lo que pasa con la definición de Asi —en la que se encuentra tanta discrepancia y complejidad para elaborar una que integre, en forma objetiva, el hecho en sí— ocurre también con los criterios para determinar la existencia o no de Asi. Por ello, la revisión de las variables edad, etapas del desarrollo y juegos sexuales es tarea obligada.

En relación a la variable edad, Wolfe, Wolfe y Best citados por Echeburúa y Guerricaecheverría (2000: 10) plantean que el hecho de que se dé un evento sexual entre un adulto y un niño es, de por sí, inapropiado. Asimismo, Finkelhor y López (citados por el mismo autor) exponen que para considerar la existencia de Asi es necesario que entre el agresor y el menor exista una diferencia de cinco años, cuando éste tenga menos de doce años y, si supera esta edad, la diferencia necesaria sería de diez años.

Otros estudiosos del tema no han considerado la variable edad, ya que argumentan que ello puede llevar a enmascarar los abusos sexuales entre menores. En general, se fijan los criterios con arbitrariedad sobre la base de la edad y sin elementos de análisis profundos que permitan ver con claridad qué se ha considerado para plantear una diferencia de dos, cinco o diez años.

En mi opinión, un año es la fracción de tiempo necesaria y suficiente para que se produzcan cambios significativos en el individuo, vale decir, cambios no sólo cuantitativos, sino también cualitativos. Sería un grave error eliminar la edad como criterio para determinar la existencia o no de dicho evento, pues es la edad, precisamente, la que determina los cambios en las diferentes etapas del desarrollo humano.

En este sentido, es importante enfatizar que no es lo mismo hablar de un niño de 2 años que de uno de 8 o de un joven de 15 años, pues cada uno se encuentra en un estadio de desarrollo diferente con características cognoscitivas, psicológicas, afectivas, morales y sexuales específicas, que le permiten entender el mundo que les rodea y su relación consigo mismo de una manera determinada.

Las etapas de desarrollo ubican a la persona en un estadio con características específicas que, desde el punto de vista evolutivo, corresponden a un momento determinado en la vida del ser humano y que son consideradas desde el nacimiento hasta la vida adulta.

La otra variable a considerar son los juegos sexuales y, en este sentido, Lluis Folch (citado por Tomás Joseph, 1999) definió el juego como: "Una actividad física y mental que tiene como fin principal la diversión, el entretenimiento," (p. 96).

Por su parte, Flores Colombino (1977: 97) puntualiza que los juegos preliminares (a los que también denomina preludio sexual) son aquellos que corresponden a la estimulación erótica que precede al coito y son indispensables para lograr la excitación efectiva de la mujer.

Igualmente, expone que los juegos sexuales se dan a cualquier edad y cumplen fines educativos, socializantes y recreativos e incluyen el cortejo, el flirteo y la coquetería. A ellos se atribuye una connotación de juegos ritualizados por la cultura de carácter eminentemente carnal y se les adicionan otros elementos como comidas eróticas, bañarse juntos, fines de semana voluptuosos, juego de roles, utilización de disfraces, entre otros, y los resume como juegos preliminares del coito.

De igual manera, atribuye a los juegos sexuales infantiles gran importancia, pues ellos contribuyen a concretar la identidad sexual del adulto y cita la clasificación de tres tipos de juegos sexuales realizada por Quijada: primero, el juego de papá y mamá, pintarse los labios, ponerse tacones (las hembras) y el desempeño de roles masculinos (el varón).

Segundo, la exploración por curiosidad de las diferencias sexuales con tocamientos, cosquillas y mostrarse, mutuamente, los genitales con niños de igual y diferente sexo; tercero, la autoexploración, cuando ocurre la masturbación y el conocimiento del propio cuerpo.

Lo expuesto me permite afirmar que existe una diferencia básica entre el juego sexual entre adultos y el juego sexual infantil. En el primero, predomina la intencionalidad de la búsqueda del placer, tiene una connotación erótica, mientras que en el segundo prevalece la curiosidad y la exploración, determinada por la edad y la etapa de desarrollo en la que se encuentra el niño.

Además, en el juego sexual durante la infancia no hay erotización, pues puede decirse que ella aparece con la evolución cognoscitiva, psicológica, afectiva, moral, sexual y social y es reforzada o inhibida por la influencia social.

Criterios propuestos para establecer la existencia o no de abuso sexual en la infancia

1) Que el abusador esté en una etapa de desarrollo diferente a la del abusado, con base en:

0 a 18 meses	infancia
2 a 7 años	niñez
8 a 14 años	preadolescencia
15 a 17 años	adolescencia
18 a 30 años	adulto joven
31 a 59 años	adulto
60 años en adelante	adulto mayor

2) Que la diferencia de edad sea de un año o más, es decir, considerar un año como la medida de tiempo necesaria y suficiente para que se produzcan cambios significativos en el individuo.

3) Aplicar la categoría de juego sexual en la infancia a la etapa de la niñez y preadolescencia. Además, que a partir de los 15 años hasta los 17 años sean considerados juegos sexuales en la adolescencia y se contemple como juego sexual adulto de los 18 años en adelante.

Notas

1) Pérdida o aumento de un cromosoma, durante la división celular, aumento o deficiencia de la hormona materna, invasión de un virus, deficiencias nutricionales, toxicidades, traumas intrauterinos o inconvenientes en el parto.

2) En esta expresión, bio se refiere a lo biológico y psico a lo psicológico.

3) Uso el término conservar para referirme a la capacidad del individuo, para reconocer que un cambio perceptivo no implica, necesariamente un cambio sustantivo en él.

Tercera parte

Variante fisiológica sexual

¿Qué es la variante fisiológica sexual?

Bianco (1978:10) explica la función sexual a partir de la variante fisiológica que, en sus palabras: "Es una condición del organismo que permite el funcionamiento del proceso de diferenciación del sexo y del proceso de activación de la unidad situación/estimulo sexual/respuesta sexual".

Biológicamente, desde que nace hasta que muere, el ser humano se caracteriza por emitir una respuesta ante un estímulo. Si dicho estímulo es de orden sexual, la respuesta será de orden sexual. Para entender la conducta sexual humana es necesario entender también la variante fisiológica del estímulo sexual y la variante fisiológica de la respuesta sexual.

La conducta sexual es el resultado de la interacción entre lo biológico y lo social. Para comprenderla es conveniente considerar los fundamentos fisiológicos de la función sexual y es fundamental estudiar las leyes universales del aprendizaje, tan relevantes para la comprensión de la adquisición de patrones individuales y colectivos de conducta sexual, la cual debe ser considerada a partir de la variante fisiológica de la respuesta sexual.

Fisiología sexual básica

De acuerdo a lo planteado por Bianco, la fisiología estudia los mecanismos y cambios que caracterizan la función sexual, que debe ser estudiada en tres aspectos: básico, individual y de pareja.

Aspecto básico

La función sexual es considerada como un fenómeno reflejo, es decir, el ser humano no puede controlarlo porque es total y absolutamente involuntario. No se puede exigir o demandar la activación del proceso situación/estímulo sexual/respuesta sexual, porque la función sexual es un fenómeno corporal con manifestaciones pélvicas de carácter específico, que ocurre porque el organismo está dotado de una estructura que así lo permite.

La activación de la vía anatomo-fisiológica de la función sexual puede ser de dos tipos: psicógena y reflexogénica. La primera se refiere a situaciones estímulos que pueden ser auditivas, visuales, olfatorias, gustativas, táctiles o imaginativas (memoria) que, luego de activar el receptor sensorial, transmiten (a través de las vías sensitivas) la información al rinencéfalo (cintura límbica). Dicha información, analizada y enviada a la corteza cerebral, lleva la orden de vasocongestión y miotonía a las vías motoras y autónomas.

La reflexogénica —referida a situaciones de estímulo de carácter táctil (estímulos heteroceptivos), aplicados a la región pélvica y genital o situaciones estímulos interoceptivos provenientes de la vejiga, recto o zonas vecinas— provoca una respuesta de origen reflejo. Recordemos que el cuerpo, en su totalidad, es una zona erógena dotada de receptores, de allí que la situación/estímulo sexual tenga una entrada universal: los cinco sentidos

Aspecto individual

Conforma la vía autónoma funcional sexual y se inicia con el proceso de vasocongestión generalizada, superficial y profunda, que indica que los vasos sanguíneos se han llenado y el consiguiente aumento y consistencia de algunos órganos, cambio y coloración de la piel.

También se hace presente una miotonía que se ha generalizado y se concreta en algunas partes del cuerpo. Ello imprime tono y dureza a ciertos tejidos como, por ejemplo, los de las mamas, el pene y la vagina. En caso de ansiedad, se produce una hipertonía *in crescendo*, en la que se origina la aparición e inhibición de la respuesta sexual.

Aspecto de pareja

La fisiología unidad estímulo/respuesta sexual centra las consideraciones en la fisiología de los períodos coitales y en el ciclo de la respuesta sexual. Cuando se trata de un síndrome propiamente dicho, se encuentra como antecedente importante la práctica ortodoxa de una creencia religiosa o presencia de fisiopatología a nivel de la respuesta sexual.

Para diagnosticar cualquier alteración es esencial establecer la existencia de una situación/estímulo sexual específica, a fin de determinar qué es lo que ocurre y si se puede ubicar a nivel de la situación estímulo sexual o en relación a la fisiopatología de la respuesta sexual.

Si es a nivel de la situación/estímulo sexual hay que determinar si es primaria o secundaria. La primaria está presente en el individuo desde el inicio de la función sexual; la secundaria se evidencia cuando el individuo funcionaba bien y luego desarrolla el síndrome. Es necesario determinar si es universal o situacional, es decir, si le sucede con toda persona o sólo con una.

Es fundamental indagar si es permanente o aleatoria, esto es, si pasa siempre que realiza el ejercicio de la función sexual o sobreviene algunas veces. Debe diferenciarse si la fisiopatología es síntoma de alguna enfermedad orgánica, psiquiátrica o parte de la variante fisiológica sexual.

Ciclo de la respuesta sexual

De acuerdo con los planteamientos de Bianco, la respuesta sexual está conformada por dos fenómenos elementales: los que ocurren a nivel general, en todo el cuerpo, y los que ocurren a nivel de ciertas regiones corporales.

Una vez activada la vía anatomo-funcional-sexual y provocada la respuesta sexual, el efecto fisiológico se presenta como una vasocongestión generalizada, superficial y profunda, en la que los vasos sanguíneos se llenan de sangre más de lo habitual, tanto superficial como profundamente, lo que permite el aumento en la consistencia de algunos órganos, cambios en la coloración de la piel y en otras mucosas.

La miotonía *in crescendo*, generalizada o en zonas específicas del cuerpo, permite el tono y dureza de algunas partes del cuerpo como el pene, las mamas, la vagina y, en algunos casos, las extremidades. Estos cambios permitirán observar las manifestaciones que conforman la respuesta sexual.

Lo anterior contrasta, tal como lo expone Bianco, con los cambios fisiológicos básicos de la respuesta de ansiedad, es decir, vasoconstricción superficial y profunda e hipertonía *in crescendo* generalizada y localizada, lo cual provoca la no aparición o inhibición de la respuesta sexual cuando coexiste la respuesta de ansiedad.

Reportes clínicos afirman que la ansiedad (angustia, temor, miedo, inseguridad) es la primera causa de las alteraciones a nivel de la respuesta sexual, es decir, si se quiere explicar la fisiopatología de la respuesta sexual vía ansiedad, se plantea que la situación/estímulo sexual adquiere el potencial para producir vasoconstricción en aumento.

Se deduce, entonces, que un evento concomitante no relacionado con la situación /estímulo sexual/respuesta sexual , puede interrumpir o inhibir el proceso situación / estímulo sexual/respuesta sexual. A lo que hay que agregar el aprendizaje discriminatorio, que puede afectar una situación específica en el ciclo de la respuesta sexual.

Una situación/estímulo sexual puede ser intervenida, desde el punto de vista fisiológico. Por ejemplo, el vaginismo, en el que los músculos bulbo-coccígeos responden con hipertrofia, mientras la totalidad de los cambios que se dan en la respuesta sexual permanecen intactos.

Bianco plantea tres períodos coitales: precoital, coital y postcoital. Además, considera que su correlación con el ciclo de la respuesta sexual permite estudiar mejor la fisiología del ejercicio de la función sexual.

Masters y Johnson (citado por McCary, 1999:179-180) han estudiado y explicado, científicamente, las reacciones que experimentan hombres y mujeres en el ciclo de la respuesta sexual y las han dividido en cuatro fases: excitación, meseta, orgásmica y resolución. En consecuencia, para explicar el ciclo de la respuesta sexual tomaré el modelo de Masters y Johnson.

Fases del ciclo de la respuesta sexual

Fase de excitación

El tiempo de excitación del receptor en la estimulación sexual varía de minutos a horas e ingresa por cualquiera de nuestros sentidos (vista, oído, olfato, gusto, tacto) o a través de nuestra imaginación. La intensidad y continuación de la excitación depende de la técnica y de los diversos estímulos (físicos o psicológicos) utilizados.

Fase de meseta

De corta duración pero intensa. Se manifiesta como tensión muscular observable: fosas nasales dilatadas, tensión a nivel de la comisura de los labios, tendones del cuello rígidos y sobresalientes, espalda arqueada, músculos tensos, frecuencia cardíaca 110/175 latidos por minuto, el cuerpo clitorideo y el glande se retraen y se esconden en el capuchón.

Fase orgásmica

Es corta, puede durar de tres a diez segundos aunque, en algunas mujeres, puede durar un poco más. En esta fase se involucra todo el cuerpo, sobre todo cuando el orgasmo es intenso, pues se liberan tensiones. Presencia de contracciones involuntarias del esfínter del recto y elevación de la frecuencia cardíaca.

Fase de resolución

Después del orgasmo todos los órganos y tejidos vuelven con rapidez a su estado normal; desaparece el enrojecimiento corporal, los pezones pierden su erección lentamente y si de nuevo no hay estimulación sexual, la tensión desaparece.

En este punto, Bianco (1984:41) plantea que la primera parte de la fase del período resolutivo se caracteriza por la presencia de un período refractario, que ocurre en el hombre por la incapacidad fisiológica del organismo para percibir cualquier situación/estímulo sexual, lo que explica que, aunque quiera, no puede continuar hasta que la refracción haya pasado y pueda volver al ejercicio de la función sexual.

En este orden de ideas, Bianco examina el patrón monoorgásmico de la mujer y se detiene en el llamado "nocaut orgásmico" —referido a la hembra que aún en condiciones de seguir recibiendo estimulación no la desea— y se pregunta si será este el período refractario de la mujer.

Bianco expone la posibilidad de que el período refractario no sea innato, sino producto del aprendizaje, por lo que alerta a estudiar más acerca del concepto y las características de dicho período.

Kaplan (citada por McCary, (1999:350), al clasificar la falta de respuesta sexual en la mujer y la disfunción orgásmica como entidades diferentes, expone que existen mujeres que no tienen sensaciones eróticas y permanecen "secas y estrechas", pero muestran una respuesta sexual positiva y, una vez comenzado el coito, logran el orgasmo.

No obstante, agrega que es posible que mujeres más inhibidas tengan capacidad de respuesta o hayan respondido sexualmente, pero se encuentren en un período refractario producido por algún evento incidental.

Formación y destrucción del ciclo de la respuesta sexual desde el punto de vista gestáltico

Para asegurar su integridad, el ser humano necesita identificar y atender sus necesidades biológicas, psicológicas, sexuales y sociales. Asumir su sexualidad y los roles que de ella derivan son prioritarios una vez satisfechas aquellas necesidades que aseguran su existencia. La identidad sexual es el componente de la identidad personal, ambas se encuentran unidas indisolublemente.

Al estudiar al individuo como una totalidad y partir de sus necesidades se observa que en su evolución, a medida que avanza en edad, se va independizando, tomando del medio lo que necesita para subsistir tanto espiritual como materialmente.

Asimismo, observamos que esa independencia puede ser interrumpida por situaciones frustrantes vividas en la infancia, lo que deja en el individuo vacíos que le inducen a un comportamiento repetitivo. Tales vacíos le impiden el contacto con la realidad, distorsionando su percepción y repitiendo viejos esquemas que le dificultan interpretar con claridad la información tanto interna como externa.

Cuando la persona fluye, adecuadamente, haciendo contacto con sus necesidades y atendiéndolas, logra la satisfacción y el reposo producto de alcanzar metas que la retroalimentan y energizan. Al mismo tiempo, puede interactuar con su entorno y consigo mismo, sin quedarse pegado en situaciones que deterioran su funcionamiento y bloquean su energía, lo que se manifiesta en conductas no operativas.

Pero si su energía no fluye y se estanca el organismo enferma. Lo mismo ocurre en las diferentes fases del ciclo de la respuesta sexual, si el organismo fluye sana y adecuadamente al pasar por cada una de las fases, la persona logra el período de reposo y satisfacción, sintiéndose bien consigo mismo. Esto se denomina ciclo de la respuesta sexual sano.

Si por el contrario, no reconoce la necesidad y las experiencias del pasado aparecen en su mente, la satisfacción de la necesidad se encuentra interferida y, por consiguiente, se presenta el ciclo de la respuesta sexual patológica.

Ciclo de la respuesta sexual sana

1) Aparición de la necesidad a través de un estímulo que ingresa al organismo por alguno de los sentidos o la imaginación.

2) El sujeto hace contacto con la carencia, lo que le permite identificar la necesidad de abrirse a la situación/estímulo sexual. A continuación, se moviliza en busca de la persona u objeto que satisfaga su necesidad.

3) Se inicia el ciclo con la fase de excitación, que involucra intensidad y permanencia de la estimulación.

4) El organismo está tenso, excitado e involucra respiración, funciones sensoriales y motrices, frecuencia cardíaca en aumento, tensión a nivel de los músculos y genitales. Es decir, experimenta la fase de meseta.

5) Cuerpo y mente implicados de manera intensa en la búsqueda de la satisfacción de la necesidad, liberación de tensiones funcionales y mentales.

6) Aparecen contracciones involuntarias. El organismo se encuentra orientado a resolver la situación y alcanzar el clímax. Esto es, se cumple la fase orgásmica.

7) Órganos y tejidos vuelven a su estado normal. El acontecimiento ha sido placentero y gratificante. El ciclo se ha cerrado con esta llamada fase de resolución.

Ciclo de la respuesta sexual patológica

1) Aparece la necesidad, un estímulo que ingresa por alguno de los sentidos o la imaginación. Aparece

también la verborrea mental: ¿estará bien?, ¿será correcto?, no puede ser que yo sienta esto.

2) No identifica la necesidad, por consiguiente se abre y se cierra la posibilidad de la situación/estímulo sexual / respuesta sexual, hay interrupción reiterada. Si la persona está sola barre, come, limpia o consume alcohol; si está con la pareja comienza a usar excusas —me duele la cabeza, tengo calor, estoy cansada(o)— hay rechazo de la pareja con la finalidad de evitar el contacto con la necesidad sexual.

3) Si continúa ante la situación/estímulo sexual, la respuesta sexual ocurre a medias y los eventos fisiológicos son interferidos por los pensamientos (correcto, incorrecto, bueno, malo, feo, sucio, asqueroso, pecado, falta, culpa, sí, no). Tensión que provoca ansiedad, angustia, desesperación.

4) Aparece la insensibilidad: no siento, no puedo, me duele, no tengo erección, ya terminé.

5) Cuerpo y mente involucrados en la evasión y no identificación de la necesidad sexual.

6) ¿Resultado? Insatisfacción física, emocional y sexual.

Salud mental y abuso sexual en la infancia

La salud mental ha sido definida por la Organización Mundial de la Salud (OMS) como el recurso que promueve el bienestar subjetivo y el óptimo desarrollo por medio de tres elementos imprescindibles: el cognoscitivo, el afectivo y la interacción para el logro de objetivos individuales y colectivos basados en la justicia y la equidad.

El abusado sexual en la infancia es una persona que no goza de salud mental. Vive en el autocastigo porque está convencido de que ha cometido una falta y de que ha de ser castigado. Por ello, su toma de decisiones, logros, elección de pareja, amigos y compañeros son entorpecidos por la sombra de un evento que, continuamente, lo conduce a la angustia, la ansiedad y la depresión. Así, se convierte en víctima y esclavo de sus creaciones mentales, que giran alrededor de su experiencia sexual y le recuerdan, de manera constante, que fue "responsable" de que ocurriera ese evento.

Su comportamiento se caracteriza por darle importancia al grupo y la aprobación por parte del mismo, aunque considere que lo critica y lo juzga y, en consecuencia, se aísle. Vive pendiente de cuidar sus movimientos, lo que dice y lo que hace, para evitar que se den cuenta de la experiencia vivida, la que guarda celosamente para que no le hagan daño.

Cuarta parte

Resultados de la investigación

Características psicológicas, sexuales e interferencias en el ciclo de la respuesta sexual en estudiantes universitarios con experiencia de abuso sexual a temprana edad

La investigación se realizó en Venezuela, ciudad de Cumaná, estado Sucre, en la Universidad de Oriente Núcleo de Sucre. La muestra fue seleccionada de la población total de bachilleres, esto es, 2.239 estudiantes que asistían a la consulta psicológica en la Delegación de Desarrollo Estudiantil, donde se atienden las diferentes problemáticas (económicas, sociales y psicológicas) presentadas por los alumnos que conforman la plantilla de la universidad. Los estudiantes que asistían a la consulta psicológica lo hacían por diferentes motivos, entre ellos, bajo rendimiento académico, problemas de pareja, problemas familiares, depresión, ansiedad, dificultad para concentrarse y miedo escénico.

La muestra estuvo conformada por 30 bachilleres, de los cuales sólo 15 dieron su consentimiento para formar parte de la investigación. Sin embargo, proseguí con la misma basada en lo planteado por Barrios en 1954 (citado por López, 1995), quien expone que las investigaciones con base en muestras no representativas "son investigaciones que sirven para generar reflexiones, hipótesis y nuevas propuestas de investigación", 57. Considero que esta investigación es una etapa exploratoria que impulsa nuevas investigaciones con una muestra más amplia y representativa.

Instrumentos utilizados en la investigación

En la investigación se utilizó la observación participante, lo que permitió observar en el estudiante o unidades de análisis estilo de comunicación, postura, expresión facial, actitudes y estado emocional. Lo observado fue registrado en un cuaderno, en el que se recogían sus expresiones verbales, oraciones textuales, estados de ánimo y sus comportamientos.

Asimismo, se elaboró una entrevista estructurada conformada por once preguntas, para recoger la información relacionada con la edad en que ocurrió la experiencia de abuso: como se sintió, quién era la persona y parentesco con el abusador, lo que facilitó el acceso a la información necesaria para el análisis cualitativo.

Se elaboraron tres cuestionarios, cada uno conformado por veinte ítems con sus correspondientes alternativas de respuesta, tres en este caso: siempre, ocasionalmente y nunca. La alternativa **Siempre** reflejó que la conducta estaba presente en todo momento; la elección **Ocasionalmente** como indicativo de que el comportamiento se presenta a veces, siendo significativa su presencia, y la opción **Nunca** para señalar ausencia total, lo que se entendía como que la conducta no se presentó, es decir, no existía en el repertorio conductual del estudiante.

Los cuestionarios tenían como objetivo recolectar información acerca de la presencia tanto de características psicológicas y sexuales como de interferencias en el ciclo de la respuesta sexual. Para elaborar las preguntas del cuestionario que exploraron las características psicológicas consideré los criterios diagnósticos del estrés postraumático (DSM IV, 1995:402) y los ítems del cuestionario de las características sexuales los construí sobre la base de lo expuesto por Echeburúa y Guerruicaechevarría, (tabla 3.2, 3.4:46).

El cuestionario para explorar las interferencias en el ciclo de la respuesta sexual fue elaborado en base a la explicación de Bianco de la variante fisiológica sexual (1978:10) y lo expuesto por Masters y Johnson para explicar el ciclo de la respuesta sexual (Mc Cary, Mc Cary, Álvarez, Del Río y Suárez (1999:179-180).

Se elaboraron cuatro preguntas considerando las diferentes fases (excitación, meseta, orgásmica y resolución), respetando las alternativas de respuestas **siempre**, **ocasionalmente** y **nunca**. Además, coloqué cuatro preguntas de control que no tenían puntuación, pero informaban de la conducta asumida por las unidades de análisis ante el ejercicio de la función sexual que, al ser cotejadas con las respuestas y con el puntaje total obtenido en este cuestionario, ratificarían o no la interferencia detectada en cualesquiera de las cuatro fases (excitación, meseta, orgásmica y de resolución).

Los resultados obtenidos fueron analizados cuantitativa y cualitativamente. Para el análisis cuantitativo se realizó la tabulación y codificación de la distribución absoluta y porcentual de las respuestas obtenidas en cada cuestionario, lo que permitió la interpretación de las frecuencias producto de las respuestas dadas por las unidades de análisis (estudiantes de la muestra). Esto permitió presentar tanto las características psicológicas y sexuales como las interferencias en el ciclo de la respuesta sexual.

En cuanto al análisis cualitativo, se consideró la información obtenida en la observación participante y la entrevista estructurada, lo que facilitó entender el fenómeno desde la perspectiva de los sujetos objeto de estudio y conocer cómo cada estudiante experimentaba e interpretaba su experiencia de abuso.

Análisis cuantitativo

Una vez aplicados los tres cuestionarios, los datos obtenidos se analizaron a través del método estadístico de inferencia proporcional, para los que fueron consideradas, como se dijo anteriormente, las frecuencias absolutas con las que se presentaban las conductas en las unidades de análisis, siendo posteriormente convertidas en porcentaje. Para el análisis cuantitativo expondré primero las preguntas y respuestas que exploran las características psicológicas, con el análisis de los porcentajes que indicaron la presencia o ausencia de la conducta en las unidades de análisis; lo mismo ocurrirá con las características sexuales y las interferencias en el ciclo de la respuesta sexual, identificadas de la siguiente manera:

a) características psicológicas,
b) características sexuales
c) interferencias en el ciclo de la respuesta sexual.

a) Características psicológicas

El abuso sexual en la infancia es una experiencia que impacta emocionalmente a la persona y repercute de manera negativa en el estado psicológico del individuo, Echeburúa y Guerricaechevarría (2000:45). Los estudios informan acerca de la persistencia del malestar psicológico en la vida adulta; sin embargo, no existen investigaciones que demuestren la presencia de características psicológicas universales en una persona abusada sexualmente en la infancia.

Cuestionario y análisis de las respuestas

1) ¿Relacionas el ejercicio de la función sexual con pecado? De las unidades de análisis 40% no relaciona el ejercicio de la función sexual con pecado. Sin embargo, es significativo que 33% responde **siempre** y 27% **ocasionalmente**. Socioculturalmente, el pecado es entendido como transgresión de la Ley Divina, lo que es interpretado por la persona como haber caído en tentación o en falta, es decir, se asocia con pecado el ejercicio de la función sexual.

Tal asociación no causa extrañeza si se considera que, desde el punto de vista histórico, la Iglesia es una de las instituciones de poder más influyentes en la sociedad, que ha marcado pautas en cuanto al comportamiento sexual y ha establecido lineamientos para calificar conductas como buenas o malas, a pesar de que en la Biblia no se hace referencia a la sexualidad, el divorcio, la poligamia, el concubinato ni la libertad sexual, Giraldo (1981:531).

En la religión católica el sexo sólo es permitido para la reproducción y, por lo tanto, niega permiso para el placer; al mismo tiempo, la masturbación se entiende como una falta y los métodos artificiales para el control de la natalidad son considerados pecado.

Aplicando lo planteado por Piaget, se explica cómo el niño incorpora y organiza en su estructura cognoscitiva la información proveniente del medio que, gracias al proceso de asimilación, permite la adaptación del individuo a las exigencias de su entorno.

En la entrevista estructurada se observó que el abuso, en las unidades de análisis, ocurrió alrededor de los 5, 6, 7 y 9 años, momento en que (producto del condicionamiento social) la niña o el niño había internalizado ideas y creencias acerca de la sexualidad y, por consiguiente, tenía la oportunidad de evaluar su comportamiento a la luz de parámetros ya establecidos socialmente.

Si bien es cierto que relacionar sexo con pecado no es una característica exclusiva de personas objeto de Asi, los resultados obtenidos permiten inferir que es una característica psicológica presente en las personas abusadas sexualmente a temprana edad.

2) ¿Relacionas el ejercicio de la función sexual con placer?

Se observó que en las respuestas 60% de las unidades de análisis relaciona **siempre** el ejercicio de la función sexual con placer, mientras que 40% lo hace **ocasionalmente** y 0% **nunca**.

De acuerdo con Bianco, el ser humano está dotado, desde el punto de vista biológico, para responder a un estímulo y si este estímulo es sexual emitirá una respuesta, con independencia de su procedencia, ya que lo que se necesita es la eficiencia del estímulo. De igual manera, sin importar el sexo o la edad, la persona podrá responder ante las estimulaciones, sean visuales, táctiles, olfativas, auditivas o psíquicas.

Este planteamiento permite explicar por qué en el niño objeto de abuso sexual se desencadenan, biológicamente, una serie de respuestas sexuales que no entiende, pues de acuerdo a su desarrollo cognoscitivo, psicológico, afectivo, moral y sexual no está preparado para entender lo que está pasando.

Es evidente la relación que establecen las unidades de análisis entre sexo y placer, lo que no es una característica exclusiva de las personas abusadas sexualmente en la infancia. Sin embargo, es una característica psicológica presente en personas sometidas a una experiencia de abuso sexual en la infancia.

3) **¿Pensar en el ejercicio de la función sexual te produce culpa, bienestar y confusión a la vez?**
De las unidades de análisis 40% **siempre** siente culpa, bienestar y confusión al pensar en el ejercicio de la función sexual; mientras que 60% lo hace **ocasionalmente** y 0% **nunca**. Esto indica que sólo pensar en el ejercicio de la función sexual genera sentimientos encontrados como la culpa y el bienestar, en la que la primera (culpa) hace referencia a falta grave que debe ser castigada; el segundo (bienestar) alude a comodidad y, de manera evidente, al sentir al mismo tiempo culpa y placer se produce una confusión que se traduce en desconcierto y desorden.

Tal conflicto es producto de un aprendizaje por impresión que dejó huellas en la psique del niño en el momento en que fue invadido por un adulto que, de acuerdo a lo esperado, debía prodigarle amor, protección y seguridad. Al no encontrar explicación a lo que sintió, el conflicto se agudiza y sensaciones que le producían placer sin saber por qué entran en conflicto con lo fisiológico y con lo aprendido culturalmente. ¿Por qué sentí placer (o agrado) si eso es feo, sucio, malo y no debía ser?

Para una persona que relaciona al mismo tiempo sexo con pecado y con placer –como se evidencia en las respuestas obtenidas en los ítems 1 y 2– es factible la presencia de confusión. Ocurre, tal como lo plantea Bianco, una confrontación entre lo fisiológico y lo aprendido, donde la unidad básica de la relación estímulo/respuesta es que todo organismo ante un estímulo siempre dará una respuesta que entrará en conflicto con lo aprendido socioculturalmente que dictamina lo que debe ser.

Asimismo, aplicando lo planteado por Piaget, puede analizarse la experiencia sexual en la que cuando un adulto invade el espacio cognoscitivo, afectivo, moral, psicológico y sexual de un niño, ingresa una nueva información que puede ser acomodada mas no puede asimilarse a las estructuras cognitivas previas del niño, produciéndose un aprendizaje incompleto en el cual las ideas viejas y nuevas no pueden acoplarse y darán como resultado un desequilibrio cognitivo que produce confusión.

Todo lo expuesto permite considerar la presencia de culpa, bienestar y confusión al pensar en el ejercicio de la función sexual como una característica psicológica presente, aunque no exclusiva, en personas abusadas sexualmente en la infancia.

4) ¿La duda es una constante en tu vida?

En 40% de las unidades de análisis la duda aparece **siempre**, en 60% **ocasionalmente** y en 0% **nunca**. El abusado sexual en la infancia presenta, de manera constante, pensamientos recurrentes de duda en cuanto a si lo que hace, hará o ha hecho estará bien o mal, si debe o no debe, si es correcto o incorrecto. De manera permanente cuestiona su comportamiento en cuanto a las decisiones que ha de asumir o las que ya ha puesto en práctica.

Se repite en forma continua en su comportamiento el estado de confusión, de desorden, de desconcierto, de sospecha de que algo malo está ocurriendo no teniendo la certeza, la convicción de que es así. Es como si en su inconsciente estuviese presente la sensación de un desorden que no entendía y que aún no entiende, preguntas sin respuesta que se repetían y se repiten una y otra vez: ¿por qué mi papá me acaricia de esta forma?, ¿será que esto está bien?, ¿por qué esta sensación?

La duda viene acompañada de un estado de incertidumbre en el que la mente se encuentra entre dos presunciones que son igualmente razonables. Dudar es sano, el problema es cuando se convierte en una actitud patológica en la que el sujeto revisa en forma repetitiva lo que ha hecho, volviendo al principio de la operación mental una y otra vez, es decir, no fluye y se atasca.

El porcentaje obtenido revela que la duda está presente siempre u ocasionalmente en el comportamiento de las unidades de análisis, característica psicológica presente, no exclusiva, en personas abusadas sexualmente en la infancia.

5) ¿El miedo está presente en tu comportamiento?

El miedo aparece **siempre** en 73% de las unidades de análisis y ocasionalmente en 20%, mientras 7% manifiesta que el miedo **nunca** se presenta. Porcentaje significativo de la presencia de sentimientos de inquietud en presencia o ante la idea de peligro. Al parecer, el miedo se presenta como una emoción predominante en la conducta de las personas abusadas sexualmente en la infancia, pues producto de su experiencia aprendieron a evitar estímulos, relacionados o no, con lo vivido.

Aunque el ser humano no nace con emociones diferenciadas, cuenta con disposiciones genéticas que de manera progresiva y en interacción con el ambiente las convierten en emociones definidas y especializadas, Burk y García (1998: 283).

Si bien es cierto que esta no es una característica psicológica exclusiva de las personas que a temprana edad han tenido una experiencia de abuso sexual, también lo es que las conductas de las personas abusadas en la infancia están constantemente dominadas por el miedo.

6) ¿Las pesadillas se presentan?

Se observa que 87% de las unidades de análisis tienen pesadillas **ocasionalmente**; mientras 13% **nunca** y **siempre** 0%. Es significativa la presencia de pesadillas en 87% de la muestra, ya que la pesadilla es un sueño invadido de miedo y ansiedad que representa hechos cargados de espanto y provoca malestar psicológico, lo que refleja el estado de inquietud, ansiedad y angustia en la que vive una persona que, de modo recurrente, recuerda el suceso de abuso sexual vivido, imágenes, sensaciones, pensamientos y percepciones que aparecen en forma persistente. Se infiere la presencia de pesadillas en las unidades de análisis como característica psicológica, no exclusiva, presente en personas abusadas sexualmente en la infancia.

7) ¿Las pesadillas están relacionadas con el sexo?

De las unidades de análisis 13% informo que **siempre** las pesadillas están relacionadas con sexo, 80% **ocasionalmente** y 7% **nunca**. Es posible que la presencia de pesadillas sea producto del estrés originado por el impacto emocional vivido por las unidades de análisis.

El estrés genera en el organismo una hiperexcitabilidad emocional que produce una sensibilidad visceral, que mantiene en alerta al sistema nervioso central y neurovegetativo, mecanismo por el cual el organismo aprende a estar preparado de manera constante para la defensa o la huída ante un ataque que nunca se ocurre. Tal situación deteriora el organismo, en el cual aparecen, entre otros, diversos trastornos orgánicos: gastritis, úlceras, enfermedades respiratorias y de la piel. Siendo así, puede inferirse que el abusado sexual en la infancia vive continuamente temeroso y se siente a merced de las circunstancias y situaciones. Ha aprendido a responder ante una serie de estímulos que al principio eran neutros y que fueron condicionados por la experiencia de abuso, desencadenando respuestas de defensa o huída.

La exposición o presencia de dichos estímulos, ya sea de hecho o imaginativamente, podrían estar generando el contenido sexual de las pesadillas, lo que puede considerarse como una característica psicológica, no exclusiva, presente en personas abusadas sexualmente en la infancia.

8) ¿Llegaste a sentir que si no permitías que te utilizaran sexualmente no te iban a querer?

Se observa que 53% de las unidades de análisis sintió **siempre** que si no permitía que le utilizaran sexualmente no lo iban a querer; 20% lo experimentó **ocasionalmente** y 27% **nunca**. Ser reconocido, aceptado y amado es una necesidad psicológica del ser humano; tal como lo plantea Piaget, la afectividad es la parte energética del individuo responsable de motivar la acción. Aplicando este conocimiento, se infiere que el niño, ante el rechazo, siente tristeza y desánimo; ante la pérdida de afecto por parte de una persona con la que siente existe un nexo afectivo aparece la ansiedad, por lo que prefiere aceptar ser utilizado zon tal de no perder su amor.

Los resultados permiten considerar cómo, por miedo a perder el afecto del abusador, el niño o la niña permiten ser utilizados sexualmente. La permisividad puede tomarse como característica psicológica presente, aunque no exclusiva de personas abusadas sexualmente en la infancia.

9) ¿Te atormentan escenas sexuales del pasado?

De las unidades de análisis 40% manifestó ser atormentado por escenas sexuales del pasado **siempre**; 47% respondió **ocasionalmente** y 13% **nunca**. Estos resultados son indicativos de la persistencia de ideas, pensamientos y reexperimentación del evento de abuso, todo lo que aparece de manera recurrente, causando malestar psicológico que interfiere en la vida diaria de la persona, entorpeciendo la productividad laboral, académica, las relaciones con familiares, amigos y con la pareja. Se observa está como característica psicológica, aunque no exclusiva, presente en personas abusadas sexualmente en la infancia.

10) ¿Sientes deseos de llorar sin motivo?

Es significativo que 53% respondió **siempre**, 47% **ocasionalmente** y **nunca** 0%. Estos resultados permiten explicar que el hecho de que una persona haya sido sometida de forma repetitiva a una situación de estrés, ocasiona que se instale en su psique una predisposición que lo convierte en una persona hipersensible ante la presencia o no de una situación de peligro. Se infiere la hipersensibilidad como característica psicológica presente, aunque no exclusiva de personas abusadas sexualmente en la infancia.

11) ¿Cualquier cosa te hace llorar?

De las unidades de análisis 60% manifiesta que llora ante cualquier cosa **siempre**, 40% **ocasionalmente** y 0% **nunca**. Estos porcentajes ratifican lo encontrado en el ítem 10, lo que permite considerar la hipersensibilidad como característica psicológica presente, aunque no exclusiva, en personas abusadas sexualmente en la infancia.

12) ¿Cuándo estás en situaciones que te recuerdan tu experiencia sexual de la infancia te inhibes, te paralizas?

De las unidades de análisis 73% respondió **siempre**, 27% **ocasionalmente** y 0% **nunca**. Esto se puede explicar por la ocurrencia de un aprendizaje por condicionamiento clásico, donde un estímulo incondicionado, el abuso sexual, produce una respuesta incondicionada de inhibición y paralización, en la que al ser apareado el abuso sexual con cualquier evento ambiental (estímulo condicionado) se produce una respuesta condicionada (inhibición y paralización).

Los resultados permiten inferir que las personas abusadas sexualmente en la infancia presentan inhibición y paralización ante eventos que le recuerdan su experiencia sexual; sin embargo, no es una característica psicológica exclusiva de personas con este tipo de experiencia.

13) ¿Piensas que si no te entregas sexualmente te rechazarán?

De las unidades de análisis 60% manifestó **siempre**, 27% **ocasionalmente** y 13% **nunca**. Este ítem refuerza lo encontrado en la pregunta n° 8, confirmándose la relación que establece la persona abusada sexualmente en la infancia entre afecto y sexo, aceptación y rechazo, lo que induce a pensar en un aprendizaje por condicionamiento operante, en el que el abusado emite una conducta de aceptación, lo que permite inferir que la entrega sexual ocurre para evitar el rechazo. De acuerdo a lo significativo del porcentaje, puede ser considerada como característica psicológica presente, aunque no exclusiva, de personas abusadas sexualmente en la infancia.

14) ¿El placer te hace sentir culpable?

De las unidades de análisis 40% respondió **siempre**, 27% **ocasionalmente** y 33% **nunca**. El abusado sexual en la infancia está convencido de que ha cometido una falta al permitir que ocurriera el abuso sexual; está persuadido de que lo que ocurría no estaba bien produciéndose, al aplicar lo planteado por Piaget, un desequilibrio cognoscitivo.

Es necesario aclarar que, de acuerdo con los estudios de Bianco, el ser humano está preparado anatómica y fisiológicamente para sentir, lo que prepara al organismo para que al ser estimulado tenga sensaciones, lo que genera el conflicto entre lo fisiológico y sociocultural. Al sumar 40% y 27% tenemos que 67% de la muestra siente culpa al sentir placer. Sin embargo, no es una característica psicológica exclusiva de personas abusadas sexualmente en la infancia.

15) ¿Has tenido problemas de insomnio o despiertas sin motivo sobresaltado/a?

De las unidades de análisis 27% respondió **siempre**, 60% **ocasionalmente** y 13% **nunca**. Es posible que sufrir de insomnio o despertar sobresaltado/a sin motivo sea producto del estado de tensión, angustia y preocupación que predomina en las personas objeto de estudio. Los resultados permiten considerar la presencia de problemas de sueño como característica psicológica, no exclusiva, de personas objeto de abuso sexual en la infancia.

16) ¿Te has autoagredido golpeándote o pellizcándote?

De las unidades de análisis 13% respondió **siempre**, 54% **ocasionalmente** y 33% **nunca**.

La impulsividad y autoagresividad convierten a las personas en masoquistas, quienes de manera continua se hacen daño de cualquier forma. Pareciera ser una característica psicológica presente en las personas abusada sexualmente en la infancia pero no exclusiva de éstas.

17) ¿Has pensado en el suicidio?

De las unidades de análisis 40% respondió **siempre**, 47%% **ocasionalmente** y 13% **nunca**. Las ideas suicidas aparecen en momentos de desesperación, cuando se agudizan las exigencias del entorno laboral, académico o en la relación de pareja. La lucha constante entre lo que debe ser y lo que es y la pregunta invariable de por qué tuvo que ocurrir eso, conduce a los individuos a la desesperación, desolación y tristeza, apareciendo las ideas suicidas. Por lo tanto, se entiende como una característica psicológica presente en las personas abusadas sexualmente en la infancia, aunque no exclusiva de éstas.

18) ¿Se presentan en ti la apatía, el desgano, no querer hacer nada?

De las unidades de análisis 46% ha sentido apatía, desgano y deseos de no hacer nada **siempre**, 47%% **ocasionalmente** y 7% **nunca**. Se observó en los integrantes de la muestra, que comienzan o emprenden algo muy motivados y de pronto, sin razón aparente, pierden con facilidad el deseo de continuar. A veces están desorientados o confundidos en cuanto a lo que quieren, aunque no es una característica psicológica exclusiva de personas abusadas sexualmente en la infancia, la misma está presente de forma significativa.

19) ¿Un objeto, un olor, una mirada, un gesto te recuerda tu experiencia de abuso en el momento menos esperado?

De las unidades de análisis 33% indicó **siempre**, 47% **ocasionalmente** y 20% **nunca**. Esto se explica por el hecho de que eventos (estímulos neutros) presentes en el momento del abuso sexual (estímulo incondicionado) adquirieron el poder de estímulos condicionados, facilitando la evocación de un recuerdo que tiene su origen en la experiencia vivida.

Los resultados informan que la presencia de eventos externos puede estimular el recuerdo de la experiencia de abuso sexual, convirtiéndola en una característica psicológica pero no exclusiva de personas objeto de abuso sexual en la infancia.

20) ¿Consideras que buscas formas de autocastigarte?

De las unidades de análisis 40% respondió **siempre**, 53% **ocasionalmente** y 7% **nunca**. El hecho de estar convencidos de que han cometido una falta —lo que está relacionado con los ítems 1, 2 y 14— conduce a la persona a autocastigarse; es posible que al compartir con familiares, amigos o compañeros de clases estimule situaciones que le incomoden para no disfrutar el momento, pues no se siente merecedor ni digno de experiencias agradables; está convencido de que se ha portado mal y debe ser castigado. Considerándose esta conducta como una característica, aunque no exclusiva, de personas abusadas sexualmente en la infancia.

b) Características sexuales

La experiencia de abuso sexual a temprana edad tiene consecuencias en la psique del individuo, alterando su comportamiento biológico, psicológico, sexual y social. De acuerdo a Echeburúa y Guerricaechevarría (op.citada) no existe información disponible que mencione que existe un único síndrome específico que esté ligado, directamente, a la experiencia de abuso sexual en la infancia.

Los fenómenos observados con regularidad (fobias o aversiones sexuales, falta de satisfacción sexual, alteraciones en la motivación sexual, trastornos de la activación y del orgasmo, creencia de ser valorado/a por los demás únicamente por el sexo) son alteraciones que se suscitan en la esfera sexual.

Cuestionario y análisis de las respuestas

1) ¿Los pensamientos relacionados con el sexo aparecen?

Se observa que 67% de las unidades de análisis responde que **siempre** aparecen pensamientos relacionados con sexo, 33% responde **ocasionalmente** y 0% responde **nunca**, por lo que puede inferirse que la presencia de pensamientos relacionados con el sexo ocurre con frecuencia, no siendo ésta una característica sexual exclusiva de las personas abusadas sexualmente en la infancia.

2) ¿Tienes muchas fantasías sexuales?

Se observa que 46% de las unidades de análisis respondió **siempre**, 47% **ocasionalmente** y 7% **nunca**. Las respuestas siempre y ocasionalmente permiten inferir la presencia de fantasías sexuales como una característica sexual presente, aunque no exclusiva, de las personas abusadas sexualmente a temprana edad.

3) ¿Al pensar en el ejercicio de la función sexual y que serás penetrada (si eres hembra) o penetrarás (si eres varón) te incomoda?

Al pensar en la penetración 47% de las unidades de análisis respondió que le incomoda **siempre**, 13% respondió que le incomoda **ocasionalmente** y 40% **nunca**. Al observar las respuestas a siempre y a ocasionalmente puede inferirse que la incomodidad está presente en la penetración, conformándose ésta como característica sexual, no exclusiva, de las personas abusadas sexualmente en la infancia.

4) ¿Cuando te relacionas con otras personas siempre piensas en sexo?

Los resultados informan que las unidades de análisis respondieron 7% **siempre**, 73% **ocasionalmente** y 20% **nunca**. Lo que puede explicarse partiendo del hecho de que el sexo es fundamental en la vida del ser humano y que, a medida que avanza en edad, las necesidades se tornan más evidentes. Considerándose esta una característica sexual que se manifiesta no sólo en personas con una experiencia de abuso sexual a temprana edad, sino que puede aparecer en cualquier individuo, pues la sexualidad es inherente al ser humano.

5) ¿Te gusta atraer sexualmente, coquetear, conquistar y no llegar a más intimidad?

De las unidades de análisis 60% indicó **siempre**, 27% **ocasionalmente** y 13% **nunca**. Este comportamiento forma parte del guión que se ha establecido culturalmente y su contenido determina la importancia que tiene la atracción sexual, vista por el individuo como signo de admiración, seguridad y éxito social, McCary (1999:236-237). La atracción sexual, coquetear y conquistar son comportamientos aceptados socialmente, lo que no implica que la puesta en práctica de dicho comportamiento dé pie para mayor intimidad. Por ello, se infiere que es una característica sexual, no exclusiva, de personas abusadas sexualmente en la infancia.

6) ¿Tu experiencia de abuso sexual en la infancia se repite en tus pensamientos?

Para 47% de las unidades de análisis los pensamientos relacionados con la experiencia de abuso sexual se repite **siempre**, para 40% se repite **ocasionalmente** y para 13% **nunca**. Es necesario enfatizar que el aprendizaje es piedra angular en esta experiencia en la cual convergen el aprendizaje por impresión, por condicionamiento clásico y por condicionamiento instrumental.

El primero deja huellas irreversibles por ocurrir en un momento crítico del desarrollo; en relación al condicionamiento clásico y al condicionamiento instrumental podemos decir que estímulos neutros adquieren el poder de desencadenar el recuerdo de dicha experiencia, lo que por medio de los reforzadores ambientales permite que aparezcan las sensaciones en forma reiterativa. La recurrencia de imágenes relacionadas con el abuso sexual en la niñez es una característica sexual, aunque no exclusiva de personas abusadas sexualmente en la infancia.

7) ¿Te gustaría perder la razón y disfrutar del ejercicio de la función sexual a plenitud?

Se observa que 60% de las unidades de análisis respondió **siempre**, 20% **ocasionalmente** y 20% **nunca**. Este comportamiento es significativo y coherente con las características psicológicas encontradas en la muestra, en la que predominan el pecado y la culpa. A ello se suma la recurrencia de escenas sexuales del pasado y pensamientos intrusivos que producen malestar psicológico. Por ende, luce comprensible la fantasía de perder la razón para poder disfrutar el ejercicio de la función sexual, conformándose ésta como una característica sexual, no exclusiva, de personas abusadas sexualmente en la infancia.

8) ¿Consideras que el sexo se manifiesta como figura central en tus relaciones?

De las unidades de análisis 40% respondió **siempre**, 40% **ocasionalmente** y 20% **nunca**. Siempre y ocasionalmente denotan una conducta significativa que refleja la importancia atribuida al sexo, producto del aprendizaje sociocultural reforzado por los medios de comunicación, a través de los cuales se estimula la búsqueda de relaciones en las que el objetivo central es el sexo. Se considera como una característica sexual, no exclusiva, de personas abusadas sexualmente en la infancia.

9) ¿Tu relación con niñas y niños es distante?

De las unidades de análisis 20% manifestó **siempre**, 27% **ocasionalmente** y 53% **nunca**. Considero que esta relación debe explorarse con mayor precisión. Los resultados permiten inferir que la conducta distante con niñas y niños puede no ser una característica sexual de personas abusadas sexualmente en la infancia.

10) ¿Evitabas o evitas tener contacto con niñas y niños? Del total de las unidades de análisis 27% manifestó **siempre**, 7% manifestó **ocasionalmente** y 66% **nunca**. Debe estudiarse con detenimiento este aspecto. No considero la evitación del contacto con niñas y niños como característica sexual de las personas abusadas sexualmente en la infancia.

11) ¿Te asalta la idea de que puedas ser homosexual? De las unidades de análisis 27% respondió **siempre**, 46% **ocasionalmente** y 27% **nunca**. Al observar el porcentaje de las respuestas a siempre y ocasionalmente, resulta indicativo de la preocupación de las unidades de análisis a adherirse a los estereotipos asignados al hombre y a la mujer, en los que el individuo se esfuerza por cumplir con lo establecido, ya que es la sociedad la que marca las diferencias entre uno y otro sexo. El hecho de no comportarse de acuerdo a lo esperado para su sexo lleva a la persona a dudar de su heterosexualidad. Giraldo (1981:99) manifiesta que: "...la excesiva selección de la conducta como netamente masculina o femenina, minimiza la posibilidad de la expresión de la personalidad". Lo expuesto lleva a considerar la presencia de ideas homosexuales como una característica sexual, no exclusiva, de las personas abusadas sexualmente en la infancia.

12) ¿Has pensado o sentido que las personas que tratan contigo pueden tener un interés sexual? Sobre la base de las respuestas obtenidas se observa que de las unidades de análisis 20%

respondió **siempre**, 80% **ocasionalmente** y 0% **nunca**. La sumatoria de siempre y ocasionalmente informa que la totalidad de la muestra piensa y siente que las personas con las que se relaciona sólo tienen un interés sexual. Se hace evidente como la sexualidad está presente en cada momento de la vida de los integrantes de la muestra, sobre todo al compartir con otras personas. Conformándose ésta como una característica sexual, no exclusiva, de las personas abusadas sexualmente en la infancia.

13) ¿Cuando tratas con otras personas predominan ideas relacionadas con el sexo?

De las unidades de análisis 7% respondió **siempre**, 93% **ocasionalmente** y 0% **nunca**. Al observar estos resultados predominan las ideas relacionadas con el sexo cuando los integrantes de la muestra interactúan con otras personas. Es una conducta significativa que guarda relación con los ítems 8 y 12, ratificándose la importancia que se le da al sexo, no siendo esta una característica sexual exclusiva de las personas abusadas sexualmente en la infancia.

14) ¿Piensas que en una relación de pareja predomina el interés sexual?

Es significativo que 67% de las unidades de análisis respondió **siempre**, 33% **ocasionalmente** y 0% **nunca**. Histórica y socialmente la relación de pareja ha tenido como punto central el sexo y el matrimonio era considerado el pasaporte para permitirle a la pareja el ejercicio de la función sexual. Por ello, cuando se piensa en pareja, automáticamente, se piensa en sexo, lo que es condicionado por la sociedad a través de películas, novelas y canciones. Por lo tanto, es una característica sexual presente, aunque no exclusiva, en las personas abusadas sexualmente en la infancia.

15) ¿Te ha ocurrido que has confundido amistad con atracción sexual?

De las unidades de análisis 27% respondió **siempre**, 60% **ocasionalmente** y 13% **nunca**. Esto puede explicarse por el hecho de que, en la actualidad, las amistades no respetan los límites de espacio, abrazan y besan sin el menor cuidado en cuanto a la forma en que lo hacen, dando paso a la confusión. Es como si se diera un doble mensaje, una cosa se dice con el cuerpo y otra cosa con los ojos y con la boca, lo que genera malos entendidos. Considerándose ésta como característica sexual presente, pero no exclusiva, de personas abusadas sexualmente en la infancia.

16) ¿Cuando te hablan de masturbación sientes pena, vergüenza?

De las unidades de análisis 33.33% respondió **siempre**, 33.33% respondió **ocasionalmente** y 33.33% **nunca**. La masturbación ha sido etiquetada como un fenómeno anormal y a las personas se les ha inculcado que su práctica puede producir enfermedades porque es "mala" para la salud. De acuerdo a lo expuesto puede considerarse la vergüenza ante la masturbación como una característica sexual, no exclusiva, de las personas abusadas sexualmente en la infancia.

17) ¿Tienes dificultad para diferenciar afecto de atracción sexual?

Los resultados informan que 40% de las unidades de análisis respondió **siempre**, 40% respondió

ocasionalmente y 20% **nunca**. Es evidente que los individuos que conforman la muestra tienden a confundir afecto con atracción sexual, ya que son personas que han asociado afecto con sexo y se les dificulta percibirlos por separado, pues el abusador, regularmente, es una persona objeto de su amor, por lo que puede considerarse como característica sexual, no exclusiva, de las personas abusadas sexualmente en la infancia.

18) ¿Sientes interés por conocer más acerca de la sexualidad humana?
De las unidades de análisis 93% respondió **siempre**, 0% ocasionalmente y 7% **nunca**. Es significativo que 93% de la muestra esté interesada en conocer más acerca de la sexualidad humana, lo que puede interpretarse como la necesidad de conocer los aspectos fisiológicos del cuerpo para entenderse en el contexto del abuso del que han sido objeto. Esta conducta puede ser considerada como una característica sexual, no exclusiva, de las personas abusadas sexualmente en la infancia.

19) ¿La sexualidad es algo que te produce curiosidad?
De las unidades de análisis 93% respondió **siempre**, 0% **ocasionalmente** y 7% **nunca**. Los resultados indican que todo lo referente a sexo produce curiosidad, nadie habla de ello y papá y mamá se asustan si se les pregunta algo relacionado con ese tema. La maestra se incomoda porque el sexo es un mito, un tabú y hay que conocer qué pasa, qué es eso. Conducta que puede ser considerada como una característica sexual, no exclusiva, de las personas abusadas sexualmente en la infancia.

20) ¿Las conversaciones relacionadas con el ejercicio de la función sexual despiertan tu interés?

De las unidades de análisis 86% respondió **siempre**, 7% **ocasionalmente** y 7% **nunca**. Estos resultados son significativos, pues todo lo relacionado con sexo despierta gran interés, sobre todo las conversaciones que tienen que ver con el ejercicio de la función sexual, momento en que las personas plantean sus puntos de vista y sus experiencias. Puede inferirse la presencia de esta conducta como una característica sexual, no exclusiva, de las personas abusadas sexualmente en la infancia.

c) Influencia del abuso sexual en la infancia en el ciclo de la respuesta sexual

El abuso sexual en la infancia es una experiencia, como ha sido planteado a lo largo de este estudio, que afecta al individuo como una totalidad, interfiriendo en su comportamiento biológico, psicológico, sexual y social. Los estudiosos del tema coinciden al plantear las diferentes alteraciones que presenta una persona en el área sexual, cuando ha sido utilizada sexualmente a temprana edad por un adulto.

Para la elaboración y análisis de los ítems, las respuestas fueron consideradas en bloques de cuatro, quedando como sigue a continuación: las preguntas del 1 al 4 exploran la fase de excitación, de la 5 a la 8 la fase de meseta, de la 9 a la 12 la fase orgásmica, de la 13 a la 16 la fase de resolución. Las preguntas de la 17 a la 20 son preguntas de control, respetándose las alternativas (siempre, ocasionalmente y nunca) en los ítems 17 y

19, para la pregunta 18 las posibles respuestas son excelente, bueno, regular y pésimo; en la pregunta 20 las posibles respuestas son **al inicio**, que representa la fase de excitación; **intermedia**, que corresponde a la fase de meseta y orgásmica, **final**, que corresponde a la fase de resolución y fueron formuladas para explorar en qué parte del ciclo de la respuesta sexual consideran los estudiantes de la muestra que presentan más interferencia.

Fase de excitación

1) ¿Cuándo compartes con tu pareja caricias, besos y abrazos estás pensando que sólo quiere utilizarte?

De las unidades de análisis 27% de la muestra respondió **siempre**, 46% **ocasionalmente** y 27% **nunca**. La sumatoria de siempre y ocasionalmente indica que 73% de la muestra piensa, al estar con su pareja, que sólo quiere utilizarlo/a.

2) ¿Al estar con tu pareja hay momentos en que te incomodan sus caricias?

De las unidades de análisis 33% manifiesta **siempre**, 20% **ocasionalmente** y 47% **nunca**. La sumatoria de siempre y ocasionalmente informa que 53% de la muestra siente incomodidad al ser acariciado/a.

3) ¿Si tu pareja te estimula y sientes que te estás excitando, te irritas?

De las unidades de análisis 20% respondió **siempre**, 40% **ocasionalmente** y 40% **nunca**. La sumatoria del porcentaje de siempre y ocasionalmente informa que 60% de la muestra se irrita al sentir que se está excitando.

4) ¿Al estar a solas con tu pareja eso te indica que pueden llegar a algo más y eso te molesta?

De las unidades de análisis 33% respondió **siempre**, 20% **ocasionalmente** y 47% **nunca**. La sumatoria de siempre y ocasionalmente informa que 53% de la muestra se molesta al estar a solas con su pareja, lo que le indica que pueden llegar a algo más.

Como lo he venido explicando, esta parte del cuestionario explora la fase de excitación en las unidades de análisis, pudiendo observarse a través de las respuestas obtenidas la presencia de incomodidad, irritabilidad y malestar ante el hecho de excitarse. Puede deducirse de esta información que existe interferencia en esta fase del ciclo de la respuesta sexual en los integrantes de la muestra.

Fase de meseta

5) Cuando tu pareja te estimula y sientes que estas excitado(a), ¿aparecen pensamientos que te desconcentran?

De las unidades de análisis 47% respondió **siempre**, 40% **ocasionalmente** y 13% **nunca**. Si consideramos la sumatoria de siempre y ocasionalmente, nos informa que en 87% de la muestra, al sentir excitación, aparecen pensamientos que interfieren la situación/estímulo sexual, lo que impide la consecución de la estimulación para que se dé la situación/respuesta sexual.

6) Después de disfrutar abrazos, besos, caricias y juegos con tu pareja, ¿llega un momento en que predominan los pensamientos y se rompe el encanto?

De las unidades de análisis 47% respondió **siempre**, 20% **ocasionalmente** y 33% **nunca**. Obtenemos al sumar el porcentaje de siempre y ocasionalmente que 67% de la muestra manifiesta que el disfrute de abrazos, besos, caricias y juegos con su pareja es interrumpido por la presencia de pensamientos que sabotean el disfrute de la situación/estímulo sexual/respuesta sexual.

7) Cuando empiezas a sentir con intensidad, ¿utilizas excusas para no continuar?

De las unidades de análisis 40% respondió **siempre**, 20% **ocasionalmente** y 40% **nunca**. El resultado de la sumatoria de siempre y ocasionalmente informa que 60% de la muestra, al sentir la intensidad de la situación/estímulo sexual, utiliza excusas para no continuar.

8) ¿Experimentas en el momento en que se inicia la excitación fastidio, deseos de no continuar?

De las unidades de análisis 33.33% respondió **siempre**, 33.33 **ocasionalmente** y 33.33% **nunca**. Al sumar siempre y ocasionalmente se obtiene que 66.66% de la muestra, cuando se excita, experimenta fastidio y no quiere seguir, lo que interrumpe la continuidad de la situación/estímulo sexual, interfiriendo el disfrute.

Al observar los resultados obtenidos en esta parte del cuestionario, en la que se explora la fase de meseta, los mismos evidencian que continuamente se produce la evitación de la intimidad, en la que aparecen las preocupaciones excesivas por las intenciones del otro; la rigidez como defensa para no sentirse fuera de control y los pensamientos en los que el sujeto es su propio objeto de juicios y críticas. La persona no se involucra, no participa. El disfrute de caricias, besos y juegos se interrumpe permanentemente para no llegar a la intimidad y aparecen las excusas para evitar el contacto, la entrega. El análisis permite visualizar la interferencia que ocurre en la fase de meseta.

Fase orgásmica

9) ¿Tu cuerpo se pone tenso, rígido en el momento en que llega el contacto sexual con tu pareja?
    De las unidades de análisis 27% manifestó **siempre**, 33% **ocasionalmente** y 40% **nunca**. La sumatoria de siempre y ocasionalmente informa que 73% de la muestra experimenta tensión y rigidez en el momento en el que llega el contacto sexual que permitirá el avance de la situación/ estímulo sexual y lograr, progresivamente, el contacto intenso para llegar a la penetración, que culminará con la respuesta sexual, sea ésta satisfactoria o no.

10) ¿Sientes que en el contacto sexual la insensibilidad se hace presente?
    De las unidades de análisis 27% respondió **siempre**, 27% **ocasionalmente** y 46% **nunca**. La sumatoria de siempre y ocasionalmente refleja que 54% de la muestra manifiesta insensibilidad en el contacto sexual.

11) ¿Sientes a veces rabia cuando tu pareja te acaricia?
    De las unidades de análisis 13% respondió **siempre**, 47% **ocasionalmente** y 40% **nunca**. Al

sumar siempre y ocasionalmente se obtiene que 53% de la muestra siente rabia cuando la pareja lo acaricia.

12) ¿Al estar en intimidad sientes una fuerte excitación y si tu pareja toca una parte específica de tu cuerpo te incomodas?

De las unidades de análisis 33% respondió **siempre**, 27% **ocasionalmente** y 40% **nunca**. La sumatoria de siempre más ocasionalmente refleja que 60% de la muestra manifiesta que al estar excitado y ser tocado en una parte específica del cuerpo se incomoda.

El análisis de las respuestas a estos cuatro ítems permite ver cómo la ansiedad, la insensibilidad, el cuestionamiento continuo y pensar que se es utilizado, desencadena reacciones fisiológicas que impiden la sensación de bienestar. Las respuestas fisiológicas alteran la fase de contractibilidad orgásmica que conlleva a la alteración de detumescencia, lo que desencadena como consecuencia que se presente, en el varón, una disfunción eyaculatoria o inhibición del orgasmo y en la hembra una disfunción orgásmica tipo II.

Fase de resolución

13) ¿Cuándo tu pareja te acaricia puedes permitirle todo, pero cuando llega el momento de la penetración sientes incomodidad?

De las unidades de análisis 43% respondió **siempre**, 21% **ocasionalmente** y 36% **nunca**. Al revisar la sumatoria de siempre y ocasionalmente se observa, que en 64% de la muestra se presenta incomodidad en el momento de la penetración.

14) Cuando sientes que tu corazón late fuertemente y las contracciones en tus genitales se agudizan, ¿quieres parar y no continuar?

De las unidades de análisis 20% respondió **siempre**, 33% **ocasionalmente** y 47% **nunca**. La sumatoria de siempre y ocasionalmente es igual a 53%, lo que indica que en los integrantes de la muestra, cuando las contracciones de los genitales es más fuerte, sienten la necesidad de parar y no continuar.

15) Una vez penetrada (en el caso de la hembra) y de haber penetrado (en el caso del varón), ¿quieres terminar con rapidez aunque no te sientas satisfecho(a)?

De las unidades de análisis 18% respondió **siempre**, 46% **ocasionalmente** y 36% **nunca**. La sumatoria de siempre y ocasionalmente informa que 64% de la muestra, una vez penetrada (en el caso de la hembra) y de haber penetrado (en el caso del varón) quieren terminar rápido, aunque no se sienta satisfecho(a).

16) A medida que baja la excitación, ¿los pensamientos se agolpan, aparece incomodidad corporal y no quieres continuar?

De las unidades de análisis 21% respondió **siempre**, 36% **ocasionalmente** y 43% **nunca**. La sumatoria de siempre y ocasionalmente indica que 57% de la muestra, a medida que baja la excitación, van apareciendo pensamientos que generan incomodidad corporal y no quieren continuar.

La evaluación de las respuestas a estos ítems deja ver que las unidades de análisis tienen un comportamiento ansioso, lo que induce a que la situación/estímulo sexual adquiera la propiedad de provocar vasoconstricción e hipertonía *in crescendo*, interrumpiendo la respuesta sexual. Se presenta incomodidad corporal, inseguridad, cuestionamiento y negación al placer, lo que interfiere en la fase de resolución del ciclo de la respuesta sexual.

Preguntas de control

17) ¿Piensas que tu deseo sexual es afectado por tu experiencia de abuso?
De las unidades de análisis 50% respondió **siempre**, 43% **ocasionalmente** y 7% **nunca**. La sumatoria de siempre y ocasionalmente indica que 93% de la muestra piensa que su deseo sexual es afectado por la experiencia de abuso sexual.

18) ¿Cómo consideras que es tu deseo sexual?
De las unidades de análisis 20% de la muestra considera que su deseo sexual es excelente, 33% que es bueno, 20% que es regular y 27% pésimo.

19) ¿Sientes que el ejercicio de la función sexual es un problema para ti?
De las unidades de análisis 43% respondió **siempre**, 36% **ocasionalmente** y 21% **nunca**. La sumatoria de siempre y ocasionalmente indica

que 79% de la muestra siente que el ejercicio de la función sexual es un problema.

20) ¿En qué parte del ejercicio de la función sexual sientes incomodidad? Del total de la muestra 17% informó que siente incomodidad al inicio del ejercicio de la función sexual (fase de excitación), 25% manifiesta que su incomodidad es en la fase intermedia (fase de meseta y orgásmica), 41% al final (fase de resolución) y 17% informó presencia de incomodidad en todas las fases.

Es evidente que existe una interferencia bien marcada en el ciclo de la respuesta sexual de personas abusadas sexualmente en la infancia, presentándose con mayor intensidad en la fase de resolución.

Análisis cualitativo

El análisis cualitativo se realizó considerando la información suministrada en la entrevista estructurada y la observación participante. A través de la entrevista estructurada se encontró:

- el abuso sexual ocurre, regularmente, entre las edades comprendidas de 5, 6, 7,8 y 9 años.
- La diferencia de edad entre el abusado y el abusador, en todos los casos, supera el año.
- La niña, el niño, preadolescente o adolescente es utilizado(a) por un adulto, quien está convencido de que puede someterlo debido a la indefensión, tanto física como psíquica, de la víctima.

- El abuso, normalmente, ocurre en la casa de la niña, el niño, preadolescente o adolescente.
- Ninguna de las unidades de análisis comunicó a otra persona lo que le estaba ocurriendo. El miedo, la duda, la inhibición, no querer dañar a la familia o que no le creyeran son variables que influyeron para que el niño, la niña preadolescente o adolescente no informara del abuso.
- La confusión y el miedo quedaron grabados en la psique, haciéndose presente en el día a día de la existencia de estos sobrevivientes.
- Las unidades de análisis informan cómo ha afectado sus vidas su experiencia de abuso sexual a temprana edad, no sólo en el ámbito sexual, sino en todas las áreas de su vida.

Para la autora, el Asi es un evento que ocurre en un momento específico y delicado del desarrollo e irrumpe en los procesos psíquicos fundamentales, que tienen que ver con el desarrollo cognoscitivo, afectivo, psicológico, moral y sexual de la niña, el niño, preadolescente o adolescente y entorpece dichos procesos de evolución, lo que ocasiona graves alteraciones en el comportamiento del individuo.

En el abusado sexual en la infancia sucede un aprendizaje por impresión que facilita la grabación en la psique, a nivel de los músculos, en los huesos y en la piel. Por ello, se hace presente a cada instante. Una mano que se posó en la vagina, una mirada, un gesto, una caricia que en lugar de afecto y apoyo despertó miedo, es una información que resiste el paso del tiempo y que es contraria a lo que había aprendido por enseñanza directa de padres, tíos y abuelos, con mensajes que pautan comportamientos y en cuyo contenido el sexo es malo, de eso no se habla o eso es feo, reforzado por actitudes y mensajes que no necesitaban de palabras. ¿Cómo entender lo que estaba ocurriendo cuando el cuerpo y la psique estaban involucrados en una situación que no entendía, en una situación inadecuada que no se correspondía con lo que había aprendido? Son eventos disonantes que no encajaban en su estructura cognoscitiva y produjeron un desequilibrio cognitivo que se instaló en su mente y permanece por el resto de sus días.

El desequilibrio cognitivo le impedía acomodar una información nueva que no calzaba con la adquirida, dando paso a la confusión y a las dudas que lo acompañarían en todos los eventos de su día a día y en el cual el aprendizaje por procesos simbólicos juega papel determinante, ya que la niña, el niño, preadolescente o adolescente, por medio del autorrefuerzo, produce respuestas emocionales que pueden inhibir, anticipar imaginativa y creativamente, las posibles respuestas. La imaginación puede provocar respuestas del sistema nervioso autónomo, en ausencia de un estímulo externo, predominando la información interna con base en las experiencias, dando como resultado un autocondicionamiento interno en el que la psique juega un papel determinante.

Cuando se abusa sexualmente de una niña, un niño, preadolescente o adolescente se produce en él una distorsión de la percepción, en la que están involucrados la formación moral, lo correcto y lo incorrecto y lo que debe ser y lo que es. Las sensaciones que producen placer son tergiversadas al ser percibidas como incorrectas y como malas; es estar sometido al estrés de responder a las exigencias de un adulto, situación para la que no está preparado social ni sexualmente, lo que trae como consecuencias las repercusiones negativas, en la situación/estimulo sexual – respuesta sexual y por consiguiente dan paso a las diferentes disfunciones sexuales.

Observación participante

La observación participante permitió detectar en las unidades de análisis:

* el estilo de comunicación, que oscila entre agresivo y pasivo con predominio del primero, lo que es coherente con la tendencia a ser irritables, una conducta que exhiben de manera habitual.
* Regularmente, su expresión facial revela confusión, conformismo y tristeza, lo que refleja su sentir.
* Los sentimientos sobresalientes son la rabia y la tristeza, la desesperanza está íntimamente relacionada con la forma en que se enfrenta al mundo.
* La conducta o actitud asumida ante la experiencia de Asi es culpa y dolor, elementos fundamentales en el comportamiento de las unidades de análisis.
* Su cuerpo expresa inhibición ante el miedo de errar, presencia de temor angustioso a sentir, ser y estar, por lo que no se involucra con nada. Pareciera mantener un contacto superficial con todos los eventos de su vida, su conducta constante de evitación se hace presente en situaciones cotidianas.

La autora considera que el abusado sexual en la infancia está convencido de que ha cometido una falta, de que ha infringido normas morales y sociales y, por ello, se siente culpable. Vive en el autocastigo que, a su vez, deriva en que tanto sus logros, toma de decisiones, elección de pareja, compañeros y amigos, como sus relaciones familiares son entorpecidas, saboteadas. Es una experiencia que lo mantiene en la angustia, la ansiedad y la depresión, convirtiéndose en víctima de sus propias creaciones mentales que giran alrededor de su experiencia sexual y que le recuerdan, de manera constante, que fue responsable de que ocurriera un evento que califica como malo.

Es prioritario estudiar, investigar y divulgar el Asi, hecho que tiene consecuencias severas en la vida de una persona. El objetivo ha sido exponer, en forma precisa y clara, la importancia de elaborar definiciones que se ajusten a la realidad, lo que permitirá abordar esta problemática desde diferentes ángulos: terapéutico, jurídico y social. Asimismo, se muestra la urgente tarea de partir de premisas que permitan estudiar al ser humano como una totalidad, tomando en cuenta los aspectos que lo conforman: biológico, psicológico, sexual y social.

Por ello, la importancia de entender que esta investigación es un llamado a la reflexión, para atender una situación que se ha dejado de lado, sin evaluar las repercusiones que dicho evento tiene en la vida de una persona.

Fuentes

Aguilar, Y. (1993). *El abuso sexual infantil.* Niños XXVIII (76), (pp.95-106).

Bass, E. y Davis, L. (1995). *El coraje de sanar. Guía para las mujeres supervivientes de abusos sexuales en la infancia.* España: Editorial Urano.

Bianco, F. (1978). *Sexología clínica.* Caracas: Centro de Investigaciones Psiquiátricas, Psicológicas y Sexológicas de Venezuela.

Bianco, F. (1984). Sexología. Caracas: Centro de Investigaciones Psiquiátricas, Psicológicas y Sexológicas de Venezuela.

Bijou, S. y Baer, D. (1975). *Psicología del desarrollo infantil.* México: Editorial Trillas, S. A.

Burk, I. Díaz García, P. (1998). *Psicología Enfoque Actual-Cientifíco-Humanístico.* Caracas: Buchivacoa.

De Vries, R., Rodríguez M., Vries, R y otros. (2000). *Violencia.* En: A. Parra y R. Hernández (Comps.) *Violencia.* Venezuela: Fundación Instituto para el Estudio de la Violencia (FIEV).

Directorio Red de Prevención y Atención del Abuso Sexual en la Infancia y la Adolescencia. (2000). Caracas.

Directrices generales para garantizar la protección de los niños, niñas y adolescentes contra el abuso sexual y la explotación sexual comercial (Decisión, Consejo Nacional de Derechos del Niño y del Adolescente). 2003, noviembre 6. Gaceta Oficial de la República Bolivariana de Venezuela, N° 37.815. Noviembre 11, 2003.

Echeburúa, E. y Guerricaechevarría, C. (2000). *Abuso sexual en la infancia víctimas y agresores un enfoque clínico.* Barcelona: Ariel.

143

Engels, F. (1978). *El origen de la familia, la propiedad privada y el Estado*. (2° ed.). México: Editores Mexicanos Unidos.

Flores, C. A. (1979). *Diccionario de sexología*. Montevideo, Uruguay: Fin de Siglo.

Fundación Oficina Nacional de Denuncia del Niño Maltratado (FONDENIMA) "Dr. José Gessen Campos". (s.f.). Maltratar al niño es dañar al hombre (Hoja desplegable). Caracas.

García-Pelayo y Gross, R. (1989-1990). *Diccionario Larousse Ilustrado*. Colombia: Larousse.

Giraldo, N. (1981). *Explorando las sexualidades humanas*. México: Pegaso.

Ley de Protección del Niño y del Adolescente. (2000). Gaceta Oficial de la República Bolivariana de Venezuela N° 5.266 (Extraordinaria). Vigente desde abril de 2000.

Loredo, A. (2004). *Maltrato en niños y adolescentes*. México: Editores de Textos Mexicanos.

McCary, J. L., McCary, S. P., Álvarez-Gayou, J. L., Suárez, J. L. y Río, C. (1999). *Sexualidad humana de McCary*. (5° Ed.) México: El Manual Moderno.

Ministerio de la Familia. (1990) *Proyecto de educación sexual y planificación familiar. Manual para formar multiplicadores*. Segundo Nivel, Volumen 2. Caracas.

Money, J. (1982). *Desarrollo de la sexualidad humana*. España: Morata.

Montero, N. (1991). *La familia del niño víctima de abuso sexual*. Niños, XXVI.

Piaget, J. e Inhelder, B. (1982). *Psicología del niño*. Madrid: Morata.

Plan de Acción Nacional Contra el Abuso Sexual y la Explotación. Sexual Comercial. Julio 2006.

Querol, X. (1990). *El niño maltratado*. Barcelona, España: Editorial Carhel.

Real Academia Española. (2001). *Diccionario de la lengua española* (22°, ed.) Madrid: España.

Reinisch, J. y Beasley, R. (1992). *Nuevo Informe Kinsey*. España: Paidos.

Sanmartin, J. (2002). *Violencia contra niños*. Barcelona, España: Ariel.

Sileo, E. (1982). Abuso sexual. Ponencia presentada en el V simposio Internacional. Ley sexualidad y violencia. Caracas.

Tomás, J. (1999). *Trastorno por abuso sexual en la infancia y la adolescencia valor educativo del juego.* Barcelona, España: Alertes.

Wertsch, J. (1995). *Vygostky y la formación social de la mente.* España: Paidos.

Páginas Web

Sociedad Paulista de Psiquiatría Clínica (2003).

En: http://virtualpsy.org/infantil/abuso.html.

Programa Internacional para la erradicación del trabajo infantil. Semantics or substance? (2003).

En: www.saventhechildren.net.

Revista Colombiana de Pediatría. Una reflexión histórico-antropológica sobre el maltrato infantil en Colombia. Autor: Dr. Hugo Sotomayor. Tercera parte. En:http://encolombia.com/medicina/pediatria/pediatria38203-reflexion.htm

Red de Educación Nacional (RENA), (2014). página web del Ministerio de Poder Popular para la Ciencia, Tecnología e Innovación, Venezuela.

Biografía

Clemencia Zulay Durán de López es nacida en Caracas, Venezuela Obtiene su título de Licenciada en Psicología en la Universidad Central de Venezuela (mención Psicología Escolar). Especialista en Terapia Gestalt (Instituto Venezolano de Gestalt Caracas). Magister en Ciencias, Orientación en Sexología (Summa Cum Laude) por el Centro de Investigaciones Psiquiátricas, Psicológicas y Sexológicas de Venezuela (CIPPSV). Formada como Instructora en el Instituto Nacional de Cooperación Educativa (INCE) Certificada en el Proyecto Internacional de Autoestima (PIA).

Se ha desempeñado como docente en la Universidad de Oriente, Núcleo de Sucre, en las escuelas de Educación Integral, Educación, Trabajo Social y Enfermería. Igualmente Psicóloga de la misma Universidad en el área de Orientación de la Delegación de Desarrollo Estudiantil. Facilitadora de talleres en el área de desarrollo personal y empresarial: Motivación al Logro, Autoestima y Comunicación, Psicología Aplicada a la Supervisión, Atención al Cliente, entre otros.

En los últimos quince años, su línea de investigación se ha centrado en el estudio del abuso sexual en la infancia. En el año 2008, crea la Fundación para Atender, Investigar y Prevenir el Abuso Sexual en la Infancia, la cual preside.

www.ingramcontent.com/pod-product-compliance
Lightning Source LLC
Chambersburg PA
CBHW061313280526
45784CB00002B/974